LOS PRIMEROS EDITORES

ALESSANDRO MARZO MAGNO

LOS PRIMEROS EDITORES

TRADUCCIÓN DE MARILENA DE CHIARA

MALPASO

BARCELONA   MÉXICO   BUENOS AIRES   NUEVA YORK

Para Marco y Peter:
que los libros los acompañen

El libro es el mejor amigo del hombre después del perro.

Los topónimos siempre generan más malentendidos de los deseados, sobre todo porque el cruce de los nacionalismos hace que designar un sitio en una lengua y no en otra se interprete a menudo como señal de una elección política más que léxica: un griego no diría «Estambul» ni bajo tortura porque, para los turcos, los términos *Constantinopla* y *Estambul* convivieron al menos hasta Kemal Atatürk. La ignorancia geográfica se encarga de lo demás: a menudo se lee acerca de Veglia y Krk como si fueran lugares distintos y no los nombres, en italiano y en croata (el segundo derivado del latín *Curicta*), respectivamente, de la misma isla del Golfo de Carnaro. En otro tiempo, además, se tendía a usar formas adaptadas (exónimos) mucho más que ahora, cuando los esnobs incurables hablan de Beijing, y no de Pekín, dejando perplejos a quienes los escuchan.

Todas las decisiones son discutibles, aunque es ineludible tomarlas en aras de la de claridad. Este libro trata sobre todo de una época, el Renacimiento, en una ciudad, Venecia, que la historia ha acabado por colocar en Italia. Por tanto, hemos decidido utilizar los topónimos de origen italiano, pero indicando entre paréntesis (la primera vez que se mencionan) la versión en la lengua que hoy se habla en esos lugares. Por ejemplo, Capodistria, población veneciana durante medio milenio, hoy se llama Koper y se encuentra en Eslovenia, de modo que se indicará como Capodistria (Koper). A veces hay incluso un nombre veneciano distinto del italiano, como en el caso de Candia, territorio de la Serenísima durante casi quinientos años, que hoy se conoce como Creta, denominación tomada del mundo clásico. En lo que concierne a Constantinopla/Bizancio/Estambul, se ha decidido utilizar Constantinopla, nombre muy querido para Venecia, sin quitarle un ápice de dignidad e importancia a los otros dos topónimos.

1

VENECIA, CAPITAL DEL LIBRO

Si hoy, en el siglo XXI, queremos ir desde Rialto a la Plaza de San Marcos, debemos recorrer una calle llamada Mercerie. En los escaparates de las tiendas se pueden contemplar algunos de los productos que tanta fama dan a Italia: zapatos, ropa, bolsos y joyas. Hay una tienda de Gucci y también una de Ferrari, toda de color rojo, donde se expone un auténtico bólido de Fórmula 1.

Si retrocediéramos en el tiempo y recorriéramos esa misma calle en 1520, la reconoceríamos sin dificultades: en cinco siglos ha cambiado poco y, sobre todo, su vocación comercial ha permanecido intacta. Si hoy la calle Mercerie es un escaparate del *made in Italy*, entonces lo era del *made in Venice*, que, en comparación, era mucho más importante. Hoy Italia es la sexta o la séptima potencia industrial del mundo, pero hace medio milenio Venecia se encontraba en lo alto del podio. En la Europa de aquel entonces solo había tres poblaciones que superaban los ciento cincuenta mil habitantes: Venecia, París y Nápoles.

¿Qué hubiéramos encontrado en las tiendas (que a menudo también eran talleres y viviendas) de la calle Mercerie en el siglo XVI? Tejidos, por ejemplo, como las espléndidas telas teñidas de rojo por las que Venecia era famosa, coloreados gracias a fórmulas secretas heredadas de los bizantinos. O paneles de cuero repujados y decorados con pan de oro, utilizados para embellecer los interiores de los palacios y elaborados a partir de técnicas aprendidas en España, que a su vez las había recibido de los árabes. Y armas, muchísimas armas; disputadas y deseadas por ricachones y soberanos de media Europa incapaces de ir al combate sin ataviarse con la carísima chatarra *made in Venice*. Los nombres de un par de calles cercanas, Spadaria (de *spada* [espada]) y Frezzaria (de *freccia* [flecha]), todavía evocan aquella antigua vocación.

Pero lo que más atraía al visitante extranjero eran los libros: decenas y decenas de librerías acumuladas en una abundancia sin parangón en otras ciudades de Europa. Tenemos noticia de auténticas rutas de compra, como la que describe el historiador Marcantonio Sabellico (que se beneficiará de la primera forma conocida de *copyright*) cuando habla de dos amigos que salen del Fontego dei Tedeschi, al pie del Puente de Rialto, con la intención de llegar a San Marco, pero no consiguen alcanzar su destino, devorados por la curiosidad de leer las listas de libros colgadas fuera de las tiendas (*Fontego* significaba «almacén» en veneciano; el Fontego dei Tedeschi o de los alemanes —que todavía existe, así como el de los turcos— era el lugar donde residían, guardaban su mercancía y gestionaban sus negocios los mercaderes de Europa central, la mayoría de habla germana).

Ni siquiera la Alemania de Gutenberg, donde la imprenta de tipos móviles había sido inventada más o menos sesenta y cinco años antes, entre 1452 y 1455, podía arrebatarle la primacía: en la primera mitad del siglo XVI, era en Venecia donde se imprimía la mitad de los libros que se publicaban en Europa. Y esta primacía no era solo cuantitativa, sino también cualitativa, «por la riqueza y la belleza de los volúmenes que sus impresores producían».[1] Sin la industria editorial veneciana de aquel siglo no existiría el libro tal y como lo conocemos hoy, y tampoco la lengua italiana tal como la hablamos hoy. El italiano se basa en la obra de los toscanos Dante y Petrarca, pero son las ediciones venecianas a cargo del humanista Pietro Bembo e impresas por el rey de los editores, Aldo Manuzio, las que decidieron la influencia que aún perdura.

Entremos en una de aquellas librerías. Podemos hacernos una idea gracias a la detallada descripción de Angela Nuovo en su texto sobre el comercio de libros (*Il commercio librario nell'Italia del Rinascimento*). Parte de la mercancía está expuesta fuera; sobre un par de bancos se pueden admirar las portadas (y solamente aquellas, para desalentar los robos) de clásicos latinos y griegos (con una prevalencia de los primeros), de textos religiosos (biblias y comentarios), y luego estampas, paisajes de ciudades cercanas y lejanas, representaciones de pueblos que difícilmente a lo largo de la vida se hubieran podido visitar; libros en lenguas extrañas y remotas, habladas por los numerosos visitantes de una ciudad cuyo crisol de razas solo es comparable con el de Nueva York hoy en día. Hay obras en armenio, una Biblia en bohemio, un texto en glagolítico (el alfabeto de la antigua Croacia medieval), otro en cirílico y, naturalmente, considerando que el gueto de Venecia, instituido en 1516, es el primero de la historia, numerosos volúmenes en hebreo. Muchas librerías son también «oficinas», es decir, imprentas, por lo cual la mayoría de los libros en venta constituyen la producción del tipógrafo-editor. En el banco exterior o colgado en el marco de la puerta, el catálogo de los libros publicados y en venta siempre está disponible; en general son tres o cuatro hojas dobladas por la mitad, una dentro de la otra. Otras tiendas de libros son en cambio papelerías, es decir, lugares donde se venden las obras manuscritas y las herramientas necesarias para realizarlas: hojas de papel, tinta y plumas. En la era de la imprenta los vendedores de papel sustituyen los libros escritos en el banco del amanuense por aquellos elaborados por la plancha del tipógrafo.

Ahora miremos en el interior: ahí está el escaparate, dominado por una cortina que protege los libros del sol y de la lluvia, abierta, porque la técnica para producir láminas de cristal transparente se refinaría unos siglos más tarde (las ventanas están formadas ahora por pequeños discos de cristal unidos entre sí con plomo). En el escaparate, donde evidentemente el peligro de robo es menor, hay expuestos libros enteros, algunos en pliegos sueltos, otros encuadernados en volúmenes y apoyados, abiertos, en un atril, para que las páginas sean visibles. El libro es aún un producto para élites, a menudo muy caro, y para incrementar su valor se recurre a miniaturistas que dibujan letras mayúsculas al principio de los capítulos, en los espacios que el tipógrafo ha dejado en blanco, mientras que los rubricadores se encargan de las mayúsculas de menor tamaño al comienzo de los párrafos, en las páginas internas. Algunos libros contienen grabaciones xilográficas que por su contenido han hecho fruncir el ceño a más de un religioso, como la representación del priapismo en el *Polífilo* de Francesco Colonna o las dieciséis posiciones sexuales que ilustran los *Sonetos lujuriosos* de Pietro Aretino, obra impresa clandestinamente en Venecia en 1527, una muestra de auténtica pornografía a los ojos de los lectores de su tiempo.

El interior de la tienda-taller es muy distinto de lo que vemos en una librería actual. El libro del siglo XVI se vende en pliegos sueltos y es el comprador quien se encarga de hacerlo encuadernar (y también miniaturizar y rubricar) a su gusto. Algunas encuadernaciones son verdaderas obras de arte realizadas con tejidos y metales preciosos. Si el libro está destinado a un monasterio, la encuadernación será más sencilla, en pergamino liso, pero también en este caso implica cierto gasto añadido en comparación con el volumen suelto. Los pliegos sueltos se empaquetan con papel azulado para ser conservados, alineados y apilados en estanterías de pared, cada uno identificado por su etiqueta con el título y el autor. En realidad hay algunos libros ya encuadernados (usados, pues), pero son pocos y se hallan en un sector muy identificable de la tienda. Cuestan el doble que la misma edición suelta para subrayar en qué medida una encuadernación puede incidir en el precio final. Estos sí se guardan de pie, pero al revés que hoy en día, para que sea visible el corte y no el lomo. El aspecto de los libros en las paredes es el de una homogénea alineación de hojas de papel, algunas horizontales, otras verticales, «con un resultado de conjunto cromáticamente muy compacto».[2] Los libros no se identifican a partir de su encuadernación, evidentemente considerada de poca ayuda; a menudo los volúmenes antiguos han conservado hasta hoy la indicación del título y del autor impresos en el corte. El papel del librero es fundamental, no solo para explicar qué contiene el libro, sino simplemente para identificarlo y sacarlo de la estantería. Casi todas las representaciones de librerías que han llegado hasta nosotros muestran al dueño empeñado en ofrecer explicaciones al cliente.

El puente de mando de la tienda es el mostrador; ahí está el atril con el cuaderno donde el propietario anota todo lo que necesita; hay varios objetos: el tintero, las plumas y todo lo que pueda ser útil en la gestión cotidiana de la tienda. En los numerosos cajones se guardan discretamente los dietarios y se ocultan los pliegos destinados a una clientela restringida (como las obras que llegan de los países de la Reforma Protestante).

Como un capitán en la toldilla de su nave, desde el mostrador el librero vigila lo que ocurre en su tienda y escucha las conversaciones con circunspección, evitando infringir las normas de la buena educación. Tenemos testimonios de las numerosas tertulias que tuvieron lugar en las librerías del Renacimiento, lugares de encuentro para intelectuales, que llegaron a parecerse a auténticas academias.

La disposición del material a la venta es fundamental; por mucho que el cliente pueda sentirse atraído por las listas colgadas en la calle o por los bancos de exposición, entonces como ahora el posible comprador deambulaba por la tienda mirando las estanterías. No sabemos con precisión cómo se agrupaban los libros, pero sí que los de derecho se encontraban aislados de los demás, y esta posición privilegiada se debía a su coste: «Por valor comercial, prestigio y simple cantidad, el derecho eclipsaba todos los demás ámbitos de la industria editorial veneciana».[3]

Aunque no podamos entrar en una librería veneciana del Renacimiento a echar una ojeada, conocemos algunos de sus detalles gracias al registro diario, el *Zornale*, del librero Francesco de' Madi, que se abre con fecha del 17 de mayo de 1484 y se cierra cuatro años después, el 23 de enero de 1488.[4] No sabemos si aquel día Francesco empezó una nueva actividad o simplemente comenzó a utilizar un nuevo registro porque en el anterior ya no había espacio. Sin embargo, sí sabemos que coloca en la librería 1.361 libros, repartidos en 380 ediciones (lo que significa una media de 3,5 volúmenes por edición), que pone a la venta más de una edición de algunos títulos, por ejemplo biblias y misales. (Los dieciséis inventarios de librerías compilados entre 1482 y 1596 muestran que se exponía un mínimo de 104 y un máximo de 3.400 volúmenes, y que la media de ejemplares por edición iba desde un mínimo de 1,8 hasta un máximo de 6,8; siempre pocas copias por edición para no inmovilizar demasiado capital.)[5]

Una cuarta parte de los libros en las estanterías de Madi son clásicos latinos, dispuestos al lado de un pequeño grupo de volúmenes griegos, autores medievales y humanistas elevados al rango de clásicos, como Boccaccio o Dante. Esta sección de la tienda está dirigida sobre todo a los maestros de las escuelas humanistas y, de hecho, no se encuentran gramáticas latinas (reservadas a los alumnos), mientras que sí hay gramáticas griegas, materia que no se enseñaba en las escuelas. En segundo lugar, atendiendo a la cantidad (20 por ciento), están los textos religiosos: biblias y comentarios, escritos de los padres de la Iglesia y compilaciones de discursos, textos teológicos y litúrgicos; esta también, como la primera, es de alguna forma una sección profesional, reservada al clero. Y luego está la sección general, dedicada a la lectura de entretenimiento, es decir, a los libros en lengua vulgar (16 por ciento); aunque haya muchos títulos, ocupan un espacio reducido. Se encuentra una gran variedad de textos: devocionales, novelas caballerescas, Petrarca y Boccaccio, traducciones de clásicos latinos (Livio, Cicerón, Ovidio) y sobre todo el libro del ábaco. El texto para aprender a calcular es fundamental en una ciudad de mercaderes y está escrito en lengua vulgar porque en las escuelas humanistas no está previsto el estudio de las matemáticas en latín. Ahora pasemos a la sección jurídica: pocos títulos (7 por ciento), pero resulta fundamental para una librería del Renacimiento. Comentarios, repertorios y tratados son los libros más caros de la tienda y ocupan un espacio muy superior al número de títulos. Durante meses enteros nuestro librero no vende ni un solo texto de derecho, hasta que de pronto llega un cliente que compra varios y paga con monedas de oro. Por ejemplo, durante el mes de septiembre de 1485, aunque los ingresos sumen solo 39 ducados y medio, un tercio de esta cifra llega de la única venta de siete libros de jurisprudencia por 12 ducados y medio. Un texto jurídico era inaccesible para un pequeño impresor por la alta inversión en papel, tiempo y trabajo, mientras que para un editor prestigioso representaba beneficios elevados y seguros.[6]

Lo que queda en la librería de Francesco son las minucias: textos escolares y gramáticas latinas, escritos universitarios de filosofía y medicina. En Venecia no hay universidad; si la librería hubiera estado en la cercana Padua, sede de la segunda institución universitaria del mundo tras la de Bolonia, esta sección habría sido más relevante. Un pequeño porcentaje de las obras que figuran a la venta está constituido por volúmenes que aún no están dispuestos en las estanterías y por libros encuadernados, es decir, usados. También en este último caso hay que mencionar una diferencia importante con respecto a nuestros tiempos: el concepto de libro usado como objeto viejo y de coste reducido queda aún muy lejos. El precio está determinado por el valor de la encuadernación y solo después por el estado de conservación. Solo hacia la penúltima década del siglo XVI, el comercio de lo usado se amplía y empieza el proceso de devaluación que dura hasta nuestros días. En la primera mitad del siglo, en cambio, «la extraordinaria abundancia del libro nuevo volvía ciertamente poco competitivo el libro usado en cuanto al precio, e inútil en cuanto a la variedad».[7]

Durante los cuatro años de actividad a los que hace referencia el diario, el librero vende 12.934 volúmenes, por un total de 4.200 ducados (14,7 kilos de oro), aunque con profundas variaciones, desde el mínimo de 60 libros en octubre de 1485 al máximo de 535 en mayo de 1487, con unos beneficios mensuales variables de 13 a 120 ducados. Francesco de' Madi proporciona trabajo continuado a cuatro encuadernadores; parte de los libros encuadernados presentes en su inventario están destinados a la feria primaveral de la Sensa (Ascensión), que se celebra en la Plaza de San Marcos. Pero se trata de una producción más bien popular y poco costosa (también hay varios grabados) reservada precisamente para dicha ocasión. En esas dos semanas de feria Francesco no consigue particulares ganancias porque los clientes habituales prefieren comprar en la librería, y si la participación en ella no fuera obligatoria, es muy probable que él y otros libreros venecianos ni siquiera participaran;[8] en cualquier caso, la feria de la Sensa «permitía llegar a clientes ocasionales y a menudo ajenos al mundo del libro».[9]

El mercado editorial en Venecia es tan importante que convierte a la ciudad en una suerte de feria permanente durante todo el año. En las dos ferias de libros más importantes de Europa, Lyon y Fráncfort (esta última ha conservado la primacía europea hasta hoy), la presencia de los impresores y mercaderes venecianos es preponderante hasta principios del siglo xvii, si bien en adelante prevalece Amberes. «En Italia no había necesidad alguna de ir a las ferias para abastecerse de libros, como nos confirman numerosísimos testimonios acerca de la permanente abundancia de libros de todo género en Venecia. Normalmente, quien se proponía comprar muchos libros enviaba un representante a la ciudad con el encargo de visitar a los mejores libreros.»[10] La clientela de oficinas y papelerías de la Serenísima no estaba constituida solo por estudiosos venecianos y extranjeros de paso, sino también por otros libreros italianos que se abastecían en la laguna. Francesco de' Madi menciona a sesenta y cuatro clientes, evidentemente los mejores, la mayoría de los cuales son colegas libreros.

En todo el siglo xvi se registra una tendencia al alza en el número de las obras expuestas para la venta: aumenta el número de ediciones, no así el de ejemplares por título, que se mantiene igual. «Se intenta superar a la competencia en la variedad, y, como siempre, en la calidad de los servicios accesorios (cuando se ofrecen), como la encuadernación.»[11]

Se intenta atraer al cliente ofreciéndole la oportunidad de encontrar el título que busca, a pesar de que la lectura sigue siendo un privilegio elitista hasta finales del xviii. Se calcula que en Alemania, en 1700, el público de lectores regulares corresponde al 1,5 por ciento de la población total, y solo durante el siglo siguiente la lectura se convertirá en un fenómeno de masas. Sin embargo, la Venecia del xvi es excepcional también en esto: una cuarta parte de la población masculina comprendida entre los seis y los quince años va a la escuela,[12] un porcentaje insólito en cualquier otro lugar y que explica el interés por los libros.

Las obras del siglo xvi no tienen un precio de portada, como estamos acostumbrados a ver hoy. «No había ninguna regla precisa para determinar el precio, incluso de ejemplares distintos de la misma edición.»[13] Todo dependía de la libre contratación y es muy probable que entre librero y cliente hubiera un regateo más propio de los zocos orientales que de las modernas librerías. Los precios fluctuaban de tienda a tienda, de individuo a individuo, de un día a otro. Los personajes eminentes obtenían más descuento; así ocurría con el riquísimo caballero Federico Corner, que pagaba a Francesco de' Madi un 20 o 30 por ciento menos que los demás. Los contratos más viejos incluían siempre un precio, el que el impresor le requería al librero, pero estas indicaciones poco a poco desaparecieron, quizá por las presiones de los comerciantes que querían reservarse el margen de maniobra más amplio posible. Las variaciones podían ser enormes, tanto que en 1502 un tal Johann Reuchlin le escribe al célebre Manuzio para comunicarle que en Pforzheim (Alemania) puede adquirir un libro suyo por un precio inferior al que el mismo editor pide en Venecia.

En cualquier caso, el paso del manuscrito al libro provoca una caída histórica de los precios. Si, como veremos, un compositor gana 3-4 ducados al mes y un corrector 5-6, un manuscrito lujoso de 200 páginas cuesta casi 26 ducados, mientras que uno económico oscila entre los 4 y los 14. No obstante el precio infinitamente inferior, una edición impresa y comentada de Dante (1 ducado) es sin embargo un lujo al alcance de pocos, mientras que los libros populares también lo son con respecto al precio: las gramáticas latinas para la escuela cuestan 6 sueldos (una fracción de la lira, un ducado equivale a 6 liras o 120 sueldos) y una obra en lengua vulgar de Boccaccio cuesta solo 10 sueldos.[14]

La fragmentación de la Europa de la época en un gran número de estados pequeños y medianos, cada uno con su propia moneda, favorece la gran variabilidad de los precios y determina un sistema comercial basado en el canje, para contrarrestar la volatilidad y la dificultad de los cambios. Se intercambian libros con libros, pero también libros con harina, vino y aceite. Los papeleros se abastecen a crédito y se difunde el uso de la partida doble, la técnica contable introducida entre el siglo XIII y la primera mitad del siglo XIV en el triángulo Génova-Florencia-Venecia. El primero en teorizar la partida doble —en la práctica su inventor— es un mercader de Ragusa (Dubrovnik), durante mucho tiempo cónsul en Nápoles de la república dálmata. Benedetto Cotrugli (Benko Kotruljić en croata) escribe su tratado durante la segunda mitad del siglo XV y la primera edición impresa se realiza en la oficina veneciana del Elefante en 1573, más de cien años después de la muerte del autor. *Sobre el comercio y el mercader perfecto* es el libro que difunde esta técnica contable, posteriormente codificada por Luca Pacioli, y no es casualidad que en Venecia, por partida doble, comercio e impresión alcancen la máxima expresión en la Europa del Renacimiento.

Mientras tanto, poco a poco, entre los clientes libreros se difunde la así llamada «Frankfurter Tax»; los compradores más importantes —sobre todo universidades y bibliotecas— se informan a través de terceros de los precios establecidos en la feria de Fráncfort para poder controlar lo que solicitan los minoristas de sus respectivas ciudades.[15] «Los precios se volvían menos volátiles en dos circunstancias: cuando los libros se vendían ya encuadernados y cuando estaban impresos en pergamino»;[16] en el primer caso el librero debe tasar un proceso cuyos costes conoce bien; en el segundo, el valor de la materia prima se impone sobre cualquier otra consideración.

El papel puede incidir hasta el 50 por ciento en el coste de un libro del Renacimiento y se consume en cantidades elevadas: tres resmas, es decir, 500 folios al día por cada plancha.[17] El papel liso cuesta cinco veces más que el de calidad inferior, y el precio sufre en el tiempo variaciones importantes: al principio del siglo XVI la demanda se dilata hasta el punto de que los fabricantes tienen que bajar los precios. El impresor llega a endeudarse para comprar papel, pues es bastante común que el productor del mismo se convierta en acreedor, concediendo de una en una las resmas hasta el final de la impresión, y asumiendo el control de la tipografía en caso de fracaso económico. En efecto, no es inusual que los proveedores de «papel blanco», al disponer de la materia prima, comercialicen también el «papel negro» (impreso), como es el caso de los Paganini, los editores del primer Corán.

Entre el instrumental, la plancha es el elemento menos laborioso: se trata de una «bestia» conocida, más bien parecida a la prensa utilizada para el vino. Hacia 1480 se introduce la plancha móvil, que agiliza la imprenta; una plancha del siglo XIII puede imprimir trescientas hojas al día; hacia finales del siglo XIV se llega a cuatro o incluso cinco veces más.[18] Lo que sí resulta muy caro son los tipos; la realización de los sellos precisa de mucha especialización y son los orfebres quienes se dedican a esta actividad (el mismo Gutenberg era orfebre), naturalmente a cambio de una generosa retribución. Pocos impresores pueden proclamarse autosuficientes, y la realización de sellos en acero, placas en cobre y tipos en plomo, estaño y antimonio, en general se contrata externamente. Poco a poco se desarrolla una industria especializada, hasta que en 1540 el francés Claude Garamond se convierte en el proveedor de casi todas las tipografías europeas.[19]

A la plancha se dedican tres personas: el compositor, el encargado de entintar y el que se ocupa de la impresión en sí; una pequeña imprenta podía emplear a seis personas, mientras que una que dispusiera de seis a ocho prensas y entre treinta y cuarenta trabajadores era una empresa de dimensiones notables. Solo el compositor necesitaba cierta especialización y, a juzgar por los comentarios satíricos de la época, eran numerosos los sirvientes desempleados y los estudiantes sin blanca dispuestos a cubrir cualquier vacante de este tipo.[20] De todas formas, el trabajo está bien pagado; en Padua en 1475 un compositor gana 3 ducados al mes, más 1 ducado en libros para poderlos revender. Tres ducados es el sueldo mensual de un ingeniero hidráulico, trabajo para nada secundario en un estado como Venecia, cuya supervivencia pasa por regular el curso de los ríos e impedir que el mar penetre en la laguna. Los aprendices ganan alrededor de una décima parte del sueldo de un compositor experto y disponen de alojamiento y comida gratuitos durante tres años;[21] la fluctuación constante de los precios de la comida constituye también una fuente de peleas domésticas entre propietario y aprendices. Finalmente, un corrector ganaba un sueldo que iba desde los 4 hasta los 6 ducados al mes.

Estos son los elementos principales que determinan el coste de un libro, además de otros que nos llevaría demasiado tiempo mencionar, aunque tengan su importancia, como, por ejemplo, los metales para fundir los tipos; estos se consumen muy rápidamente y a menudo hay que volver a producirlos. El pequeño impresor podía recomponer textos ya impresos o trabajar para otros, «pero los más ambiciosos intentaban acceder directamente a los manuscritos, contratar a profesionales para la edición, y, si era posible, disponer asimismo de correctores, para controlar los resultados. El alquiler o la compra de un manuscrito podía costar cualquier cifra».[22] Los beneficios, no obstante, son muy altos, entre el 50 y el 100 por ciento, y garantizan un buen margen incluso con tiradas de solo 300-400 ejemplares. Sin embargo, el retorno de la inversión es lento y poco seguro, y los libreros retienen una comisión del 10 por ciento; por eso numerosas oficinas cierran después de una o dos ediciones. El súbito interés que despierta la imprenta se debe probablemente más a la novedad que a la rentabilidad, mientras que la elevadísima tasa de cierre de empresas indica que solo unas pocas lo consiguen y el enriquecimiento solo existe en la fantasía de quienes se endeudan para conseguir prensas y tipos. Cuando el editor Nicolas Jenson muere, deja en su testamento 4.000 ducados, una décima parte de lo que factura en un año un mercader de especias.[23] Evidentemente, la realidad es menos halagüeña de lo que pueda aparentar, teniendo en cuenta que el cronista Marin Sanudo precisamente había escrito al respecto de Jenson: «Ganó con la imprenta muchísimo dinero».[24]

En la segunda mitad del siglo XVI se añade el peligro que supone la Inquisición, con secuestros de libros y condenas para los editores. En 1568 un mercader de libros de Brescia enumera una serie de quejas: tiene deudas pendientes desde hace ocho años, el mercado del libro es lento, día tras día se prohíben nuevas obras hasta el punto de que los libros publicados en un determinado año corren el riesgo al año siguiente de solo servir para envolver pescado. La Biblia impresa en Venecia en 1478 (281 folios y 930 ejemplares) le cuesta al editor entre 450 y 500 ducados por el papel y el trabajo. En 1580 una obra en cinco volúmenes, con un total de 565 folios y 1.250 ejemplares, le cuesta al impresor 1.920 ducados.[25]

Pero no hay cuentas que valgan; lo que parece una verdadera fiebre del libro empuja a muchos a lanzarse al nuevo negocio. En 1473, apenas cuatro años después de la introducción de la imprenta en Venecia, ya hay una crisis de sobreproducción: los almacenes están llenos de clásicos sin vender y la producción cae un 65 por ciento (en los dos años anteriores se habían impreso 134 ediciones). Y no será la única crisis que afectará al sector. Filippo y Jacopo Giunta hablarán en 1563 de libros utilizados para envolver y conservar los alimentos.[26] Enseguida se revela una continua tendencia a la disminución de los precios, que se acentúa sobre todo con la publicación de libros destinados a un mercado más popular, como el ya mencionado de la feria de la Sensa, y con las crisis provocadas por acontecimientos externos, como guerras o epidemias (Venecia sufre una gravísima derrota militar el 14 de mayo de 1509 que, durante unos años, le hará perder parte del control del estado en tierra firme, así como epidemias de peste bubónica en 1478 y 1576).

Desde 1469 hasta finales del siglo XV, 153 tipógrafos imprimen 4.500 títulos; suponiendo una tirada de 300 ejemplares por título, de las prensas venecianas salen 1.350.000 volúmenes, es decir, el 15 por ciento del total europeo (y se trata de un cálculo prudencial).[27] Hay que tener en cuenta que en la actualidad se calcula que la tirada de la Biblia de Gutenberg es de unos 200 ejemplares, y que la inicial del primer libro impreso en Venecia, las *Epistulae ad familiares* de Cicerón, de 100 ejemplares, y una vez agotada la edición, después de tres meses se imprime la segunda, de 300 ejemplares.

En el siglo XVI al menos 690 entre tipógrafos y editores imprimen más de 15.000 títulos, con tiradas medias de unos 1.000 ejemplares, con picos de 2.000 o 3.000 para las obras de las que se esperaban ventas importantes, al ritmo de 150 ediciones al año (no es posible identificar títulos porque más de uno imprime, por ejemplo, la Biblia).[28] En cualquier caso, hay quienes creen que en el siglo XVI salen de las imprentas venecianas más de 35 millones de libros.[29] Parece que los tipógrafos trabajen de doce a dieciséis horas diarias e imprimen entre 2.500 y 3.500 hojas por una sola cara, es decir, consiguen tirar una hoja cada veinte segundos, una productividad que nos deja maravillados.

A las fortunas de los editores se corresponden las de los autores. Se puede afirmar que el best seller nace en del siglo XVI; entre 1542 y 1560 Gabriel Giolito de' Ferrari publica veintiocho ediciones del *Orlando furioso* de Ludovico Ariosto, en la práctica una por año.[30] En este caso se trata de un autor vivo que ha terminado su obra una década antes, mientras que Petrarca, muerto desde hace tiempo (en 1374 para ser precisos), totaliza «148 ediciones en Italia, quizás más de 100.000 ejemplares, casi exclusivamente del *Cancionero*».[31] Quien decidió la suerte de Petrarca y también de Dante fue el editor más importante de todo el siglo XVI, Aldo Manuzio.

Poseer libros es bastante común: se calcula que el 15 por ciento de las familias venecianas tiene unos cuentos en casa (el 64 por ciento del clero, el 40 por ciento de los burgueses, el 23 por ciento de los nobles y el 5 por ciento de los plebeyos).[32]

El aumento de las tiradas provoca también una mayor demanda de espacios para almacenar libros. Cuando el librero Matteo Codecà redacta su testamento en 1491, se cuentan más de 11.086 libros en stock (y no se trata de una gran librería); cuando en 1562 los hermanos Tramezzino (uno con tienda en Venecia y el otro en Roma) quieren repartirse el almacén, anotan en el inventario 29.294 libros, pero solo se trata de los volúmenes impresos por ellos. Uno de los dos hermanos era sobre todo un mercader internacional, de modo que los volúmenes debían de ser muchos más, considerando que los publicados por otros estaban excluidos del recuento.

Muy pronto las estancias angostas de las oficinas no son sufi-
cientes y se buscan nuevos espacios: en los palacios de los nobles y en los monasterios. Precisamente al principio del siglo XVI se ha confirmado ya la transformación del patriciado
veneciano de nobleza mercantil en terratenientes: al hacer inversiones en tierra firme, los almacenes, que antes se utilizaban
para guardar las mercancías traídas por los barcos procedentes
de Levante, ahora están vacíos. La solicitud de los editores para
alquilarlos y guardar sus libros en ellos llega en el mejor momento posible. Las órdenes religiosas, plenamente involucra-
das en el negocio de la imprenta, comprenden que ceder espacios a los impresores puede convertirse en una fuente estable de
rentas. En 1514 los padres de Santo Stefano alquilan nueve almacenes a los libreros. Se generan así enormes acumulaciones
de libros, cuyas dimensiones desconocemos. Si un editor medio
de Milán, como Niccolò Gorgonzola, posee 80.000 volúmenes,
¿cuántos no tendrán guardados los editores venecianos?

Todo esto en un periodo en que las bibliotecas privadas raramente llegaban a las 2.000 obras, y las públicas alcanzaban
unas pocas decenas de miles: 80.000 ejemplares se encontraban en la Biblioteca Imperial de Viena ya en 1665 (hoy, esa misma biblioteca —ya no imperial— cuenta con más de 3 millones
de libros, mientras la British Library posee 14 millones y la Biblioteca del Congreso más de 33 millones). Venecia, una vez
más, representa la excepción; en 1523 la biblioteca del noble y
culto cardenal Domenico Grimani cuenta con 15.000 volúmenes (aunque no se trata de un dato seguro) y la del historiador
Marin Sanudo sobrepasa los 6.000. «La colección privada más
grande que Venecia vio hasta 1700 es la de Marin Sanudo.»[33]
Seis mil quinientos títulos, un «verdadero coloso en el panorama veneciano y europeo [...], prototipo sin parangón de la biblioteca del historiador de profesión».[34] Poseer una biblioteca

es un signo de prestigio social propio de un «grande», y esto quizá explique por qué se trata de un fenómeno realmente elitista, mucho más que la propiedad de obras de arte, al contrario que hoy. A partir de una investigación centrada en los testamentos del siglo XVI, resulta que «el libro está presente en 146 casas de las 937 estudiadas, un porcentaje de casi el 15 por ciento. Una presencia modesta, si se compara con la de los cuadros, que representa el 90 por ciento».[35]

Tanto papel acumulado aumenta el peligro de incendios, siempre al acecho en una ciudad construida sobre todo con madera (el Palacio Ducal se incendia dos veces, en 1483 y 1577, y ya en 1290 los vidrieros fueron obligados a trasladarse a Murano para evitar que sus hornos redujesen la ciudad a cenizas). Los incendios se suceden: el 4 de enero de 1529 se quema el monasterio de Santo Stefano, en dos horas arden los almacenes de muchos libreros; en 1557 un incendio destruye casi íntegramente el almacén de los Giunta llevándolos al borde de la quiebra. A las hogueras fortuitas se añaden las realizadas por voluntad de la Iglesia contra los libros prohibidos: el 18 de marzo de 1559 se queman en la Plaza de San Marcos entre 10.000 y 12.000 volúmenes.

Hemos visto cómo era la capital del libro en el siglo XVI. Ahora intentemos entender cómo logró tal éxito Venecia. El alemán Johannes Gensfleisch, llamado Gutenberg, imprime su Biblia en Maguncia (Mainz) entre 1452 y 1455. El primer libro fechado es de 1457, las primeras tipografías fuera de Maguncia abren en 1465, en otras dos ciudades de Alemania y en Italia. Precisamente aquel año dos clérigos alemanes, Arnold Pannartz y Conrad Sweinheim, siguiendo la ruta de los benedictinos que une Maguncia con Italia, llegan con sus herramientas de impresión al monasterio de Santa Scolastica, en Subiaco, cerca de Roma (justamente donde san Benedicto había fundado la orden), y publican el *De oratore* de Cicerón. Es el exordio italiano de la imprenta, que se expande como fuego sobre hierba seca: de las 110 tipografías europeas activas en 1480, cincuenta se encuentran en Italia, treinta en Alemania, nueve en Francia, ocho en España y el resto está repartido por el continente.[36]

Quien trae la imprenta a Venecia es alemán. Johann de Spira (Speyer) también publica a Cicerón, las *Epistulae ad familiares*, en 1469, como ya hemos visto; solicita y consigue un privilegio de Señoría de la Serenísima. El privilegio es una institución bastante común en la Europa de la época. En concreto se trata de una autorización de monopolio cuando se empieza una nueva actividad o se crea algo nuevo dentro de una actividad ya instalada.[37] El que se le concede a Johann es un privilegio quinquenal, pero también los hay por decenios o incluso por veinticinco años de duración. Sin embargo, el privilegio está ligado a la persona a quien se le concede, y como el impresor muere pocos meses después de la concesión, Venecia se convierte en un mercado libre y enseguida varios tipógrafos, naturalmente alemanes, abren sus imprentas. En toda Europa son los impresores procedentes de Alemania quienes difunden la nueva técnica tipográfica: «verdaderos nómadas, se detienen en las ciudades según los encargos y, ricos solo de su ciencia y de unas limitadas herramientas, buscan a un inversor que les permita establecerse y una ciudad donde se encuentren las condiciones necesarias para fundar una oficina tipográfica estable».[38]

Que Venecia debe su primacía a los impresores inmigrantes de Europa central es indudable: en el siglo xv casi la mitad de las ediciones venecianas se deben a alemanes y el 80 por ciento de los 1.600 incunables conservados en la British Library «lleva signos relativos a las rúbricas que conducen al mundo alemán».[39] En otras palabras, los alemanes inventaron la imprenta, pero para vender libros se fueron a Venecia; descubrieron la tecnología, pero para desarrollar el negocio tuvieron que emigrar, y la rica y culta Italia constituyó el destino privilegiado.

Para que imprimir libros se convierta en una actividad de éxito se necesitan tres condiciones: alta concentración de intelectuales, amplia disponibilidad de capitales y una alta capacidad comercial. La cercana Universidad de Padua provee el capital intelectual; el aspecto financiero queda a cargo de los riquísimos mercaderes que se están convirtiendo a la agricultura y quieren diversificar las inversiones, y la capacidad y la red comercial son las propias del estado europeo más rico y poderoso de finales del siglo XV. Los libros, de hecho, viajan en los barcos que desde hace siglos comercializan los bienes que han vuelto grande a la Serenísima. Venecia —en la cúspide de la expansión territorial (para impedirle que conquiste Milán en la ya citada batalla de 1509 se aliarán casi todos los estados europeos de la época)— dispone de rutas mercantiles que la unen de forma regular con Europa central y Oriente Medio, y que incluso llegan más allá. Después del naufragio de los barcos que se dirigían a Southampton, en 1432 Pietro Querini había llegado a las islas Lofoten y había intuido el gran potencial del pescado seco, por lo que había conseguido abrir una línea comercial permanente con Noruega. Si bien la ruta de la seda recorrida por el veneciano Marco Polo ya está interrumpida, sus conciudadanos siguen frecuentando Persia y Siria. Por otro lado, que Venecia fuera el ombligo del mundo comercial de aquel tiempo lo confirma también William Shakespeare; de otra forma no hubiera escrito *El mercader de Venecia* y no le hubiera hecho decir a Salarino en la primera escena del primer acto: «Tu mente vuela sobre el océano, / donde tus naves, con las velas hinchadas, / cual señoras o ricas ciudadanas de las olas, / dominan a los pequeños traficantes / que cortésmente las saludan cuando las encuentran en su rápida marcha».[40]

Considerando que el transporte naval es el más común y el menos costoso de la época, los embalajes de libros se adaptan al peligro del agua: los volúmenes sueltos viajan recogidos en balas o en el interior de barriles y cajas impermeables gracias al alquitranado. Sabemos que en 1498 una caja enviada por Aldo Manuzio se recupera tras el naufragio del barco que la transporta; los libros resultan dañados, pero no de forma irrecuperable y serán puestos a la venta.[41]

Y aún hay más: Venecia es, sobre todo, libre. Cuidado, la Serenísima no es liberal en el sentido moderno, pero comparada con los estados contemporáneos suyos ofrece un inalcanzable clima de libertad y, de hecho, hasta 1553 la censura no estará presente. No es para nada casual que en Venecia vivan y prosperen comunidades extranjeras y de diferentes religiones, hecho impensable en otros lugares. Griegos y armenios huidos del régimen otomano, o judíos supervivientes de las persecuciones en España y en otros países europeos, encuentran asilo en la laguna y serán, como veremos, extraordinarios impulsores del desarrollo de la imprenta. Y eso no es todo: dentro de las fronteras del estado veneciano, sobre todo en los dominios de ultramar, viven pueblos que hablan lenguas distintas —que también constituyen un mercado interesante—, y de las prensas venecianas saldrán, si no los primeros, seguramente los más tempranos libros glagolíticos (antiguo croata) y cirílicos (para la liturgia ortodoxa rusa).

Además, mientras que en Alemania la imprenta nace bajo la protección de la Iglesia católica, en Venecia está financiada por los patricios de los círculos humanistas; si a finales del siglo XV el 45 por ciento de los libros europeos tiene carácter religioso, el porcentaje baja al 32 por ciento en Italia y al 26 por ciento en Venecia. El poder eclesiástico no consigue ejercer su influencia (por ejemplo, los obispos son súbditos en Venecia y tienen que conseguir el beneplácito del gobierno) y la Inquisición llegará con retraso y de forma atenuada, tanto que en la primera mitad del siglo xvi la libertad de prensa es casi absoluta. No sorprende que en un estado rico y libre los emprendedores se multipliquen por doquier.

Es más, hoy tendemos a pensar en Venecia como una ciudad-estado. Nada más lejos de la realidad. La Serenísima dominaba extensos territorios y para su tiempo se podía considerar un gran estado que englobaba a casi un tercio de la actual Italia del norte, además de regiones más o menos amplias de Eslovenia, Croacia, Montenegro y Grecia, hasta llegar a las grandes islas mediterráneas de Creta y Chipre. Venecia, como ya se ha mencionado, era una de las tres megalópolis del siglo xvi; además, el estado veneciano era uno de los más urbanizados e industrializados del continente entero; también contaba con dos de las veinte ciudades europeas con más de 50.000 habitantes (Verona y Brescia), y los centros urbanos de tamaño medio eran mucho más grandes que los centros análogos de otros países europeos (Arzignano, por ejemplo, contaba con 7.000 habitantes; la inglesa Manchester tenía en la época 4.000). Solo el Véneto y Flandes tenían más del 16 por ciento de población urbanizada (particularmente en la primera región el 20 por ciento de la población vivía en ciudades con más de 10.000 habitantes)[42] y solamente el Véneto y Lombardía (que en su mayoría pertenecía a la Serenísima) disponían de enormes cantidades de energía hidráulica, necesaria para mover los molinos, gracias a las aguas que manan incesantemente a los pies de los Prealpes.

Por eso la república es líder en la producción de papel, que se concentra a lo largo de los ríos Brenta y Piave y en la vertiente occidental del Lago de Garda (se calcula que para producir un kilo de papel se necesitaban 2.000 litros de un agua límpida y transparente), y por eso «Venecia en breve domina la industria tipográfica italiana y durante un tiempo también la europea».[43] Produce 5.000 de los 12.000 incunables impresos en Italia, el 45 por ciento de la producción europea (los incunables son los libros publicados durante el siglo XV). Por esta razón el primer impresor italiano, en 1470, es un súbdito de Venecia: Clemente de Padua. El auge ocurre entre 1526 y 1550, cuando Venecia publica casi tres cuartas partes de las ediciones impresas en Italia y la mitad de todas las producidas en el continente. En los siguientes veinticinco años baja a un respetable 61 por ciento. Los libros allí publicados se distinguen también por otras particularidades, es decir, «por la atención específicamente veneciana hacia lo que facilite la lectura: tablas de contenido, índices, notas».[44]

En medio de este cúmulo de triunfos, también hay lugar para que las leyendas florezcan: en el siglo XIX, por unos documentos sin identificar y luego perdidos, se le discute la invención de la imprenta a Gutenberg para atribuírsela a Panfilo Castaldi, médico y humanista, nacido en Feltre, espléndida ciudad renacentista a los pies de los Prealpes vénetos y que luego vivió en Capodistria (Koper) y en Zadar (hoy en Eslovenia y Croacia, respectivamente), en las orillas del Adriático. Castaldi abandona la medicina durante un tiempo y se dedica a la imprenta; tras constatar que en Milán aún no hay nadie que trabaje con prensas, sellos y tipos, consigue un privilegio del duque Galeazzo Maria Sforza y en 1471 publica el primer libro impreso en la ciudad. El negocio es tan goloso que un tal Filippo da Lavagna desafía al régimen monopolístico e implanta una nueva tipografía en Milán. Hacia la mitad de 1472, Castaldi se ve obligado a claudicar, vende las herramientas y vuelve a trabajar como médico a orillas del mar. Hasta aquí la verdad histórica. En el siglo XIX, durante un tiempo, en Italia se afirmaba que había sido él el verdadero inventor de la imprenta de tipos móviles y que Gutenberg lo había copiado atribuyéndose el mérito, casi como hizo Alexander Graham Bell con Antonio Meucci en lo que concierne al teléfono. Pero en el caso de Castaldi no era verdad. Sin embargo, todavía hoy, en la placa del monumento que le ha sido dedicado en su ciudad natal, se le atribuye la paternidad de una invención que no es suya.

En Venecia, como ya se ha mencionado, además del libro nace el negocio del libro. Es aquí donde se empieza a llamar «editor» a quien hace inversiones en la imprenta, y puede tratarse tanto de los productores de papel como de mercaderes, tipógrafos, intelectuales y, en ocasiones, de los mismos autores de las obras.[45] Se forman las primeras grandes sociedades editoriales y comerciales, en algunos casos multinacionales. Los editores más importantes del siglo XVI, encabezados por los florentinos Giunta (luego Giunti), empiezan su actividad en la República de San Marcos. «Especializados en libros religiosos y devotos, vendían sus obras de contrabando e incluso publicaban textos censurados; disponían además de una red de ventas que cubría toda Europa.»[46] Una línea directa une a los dos centros culturales más importantes de la Italia del Renacimiento: Venecia y Florencia. De hecho, el florentino Girolamo Strozzi no tarda en instalarse en la laguna, desde donde organiza las ventas de libros en Florencia, Siena, Pisa, Roma, Nápoles, y también en la filial del Banco Médici en Brujas y en el Marco Strozzi en Londres, accesibles por vía marítima con los barcos mercantiles venecianos. Los clientes potenciales eran los mercaderes florentinos que residían en las dos ciudades extranjeras. Un agente de Girolamo Strozzi visita a todos los productores de papel cada quince días para verificar que los libros están efectivamente en la tienda y que no hayan sido prestados a amigos. Además, el agente controla las obras antes de la entrega para verificar que no falten páginas o pliegos y evitar así que los libreros reclamen una nueva copia en sustitución de la supuestamente defectuosa (estos solían intercambiar páginas para completar los ejemplares mutilados); finalmente, antes de reemplazar un ejemplar vendido, tiene que conseguir que le entreguen el dinero, tarea nada sencilla porque los comerciantes tienden a comprar a crédito y a retrasar los pagos.[47]

Apenas diez años después de la introducción de las primeras prensas por obra de Johann de Spira (su hermano Wendelin continúa con la actividad y en 1477 publica la primera edición comentada de la *Comedia* de Dante Alighieri), algunos editores importantes se unen para dar vida a grandes grupos. En 1479 nace la Compagnia di Venezia, una sociedad editorial formada sobre todo por no venecianos, que en un año imprime veinte libros. El francés Nicolas Jenson, fundidor en la oficina parisina del cuño real, muere casi enseguida y deja las riendas a Peter Ugelheimer, habilísimo mercader de Fráncfort y dueño de un albergue para los peregrinos alemanes que van a Tierra Santa. Ugelheimer dedica su vida «al desarrollo y articulación del comercio internacional e interregional del libro veneciano».[48] Además, posee una colección de libros espléndidamente miniados y encuadernados (dos de estos, de Jenson, han sido definidos como «las más extraordinarias entre todas las encuadernaciones del siglo xv» por el estudioso de encuadernaciones renacentistas Antony Hobson, el primero en volver a verlos después de siglos, en 1990, en Gotha, en la Alemania recién unificada).[49]

A través de la compañía nace un «cartel de mercaderes con sede principal en Venecia, capaces de organizar a gran escala, pero sobre todo entre el centro y el norte de Italia y Alemania, el comercio de libros, tanto los producidos por sí mismos como los producidos por otros».[50] En las ciudades donde comercializa sus libros, la compañía contrata a productores de papel. Estos son libres de continuar su actividad tradicional, la venta de manuscritos, pero junto con el nuevo producto, sin riesgo alguno porque reciben un salario mensual. En 1485 Ugelheimer se traslada a Milán y establece una red de sucursales en las más importantes ciudades universitarias de la Toscana que funcionan como terminales de la producción veneciana.

De nuevo en el eje Venecia-Florencia los Giunta crean una de las más importantes multinacionales de la época (todavía existe una editorial Giunti, pero se fundó en Florencia en 1840 y no tiene relación directa con su homónima renacentista). Lucantonio el Viejo nace en Florencia y se traslada a Venecia a los veinte años, en 1477, para dedicarse al comercio del papel. Su gran paso del papel blanco al papel negro se produce en 1491, y se calcula que hasta el año de su muerte (1538) publicó 410 títulos. Sus hijos seguirán con la actividad; los Giunta gestionan directamente librerías en España y en Palermo; en 1520 abren una filial en Lyon, y todas las sedes en el extranjero están firmemente dirigidas por un miembro de la familia. El negocio de la época está representado por los misales y Lucantonio lo sabe; publica uno en cada lengua, según le piden, y los envía a España, Alemania, Austria, Croacia, convirtiéndose en el mayor impresor de libros religiosos del mundo. Está atento al *marketing* y por cada tirada prevé cierto número de copias para regalarlas a personajes célebres y poderosos (al de los libros añade el comercio de otros bienes: seda, azúcar, pimienta, aceite y especias).

La distribución utiliza dos canales, el profesional y el basado en los frailes. A través de los religiosos, que llevan los volúmenes a los diversos conventos de sus órdenes, los Giunta venden dos quintas partes de la producción; se trata de puro negocio porque los frailes venden tanto textos religiosos como libros seculares (la *Ilíada*, por ejemplo). Es posible que los religiosos tuvieran canales de venta inaccesibles para los libreros (los albergues para los peregrinos que iban a Tierra Santa, por ejemplo). Alrededor de 1560 el mercado principal para los Giunta sigue siendo Venecia, seguida por Lyon con una relación de dos a uno; sorprendentemente, y más tratándose de florentinos, en Florencia se registran ventas muy bajas. Pero Lucantonio y sus herederos no se centran en el mercado local; son mercaderes internacionales que se focalizan en el libro en latín y solucionan de manera eficaz el problema de llevar cierto número de productos, de bajo valor unitario, a compradores diseminados por el territorio. Resulta fundamental, por tanto, estructurar una red comercial poderosa, utilizada también para otras mercancías, y mantener sólidas relaciones mercantiles. «Gracias a su actividad de mayoristas [...] consiguen la hegemonía del sector del libro en Europa.»[51]

Industrialización, globalización, *marketing*: todo está presente en la Venecia renacentista. Se trata de sucesos de hace medio milenio, pero las capacidades productivas y comerciales manifestadas en la capital mundial del libro de la primera mitad de siglo XVI encajarían perfectamente entre las historias de éxito de las empresas contemporáneas.

2

ALDO MANUZIO, EL MIGUEL ÁNGEL DE LOS LIBROS

El genio de la pintura es Rafael; el de la escultura, Miguel Ángel; el de la arquitectura, Brunelleschi, y el de la imprenta, Aldo Manuzio. Aunque sea menos conocido que el autor del *David*, Manuzio es un genio absoluto, alguien rompedor, un revolucionario que marcó un antes y un después en la historia de la edición. Aún hoy convivimos con sus intuiciones. Quizás el libro electrónico las difumine en el futuro. Piensen ustedes en el libro de bolsillo. Lo inventó Manuzio. ¿Y la cursiva (que no por casualidad en inglés se llama *italic*)? Obra de Manuzio. ¿Los best sellers? Manuzio fue el primero en imprimirlos. Como ya se ha mencionado, logró que Petrarca (muerto un siglo y medio antes) vendiera la astronómica cantidad de 100.000 ejemplares (obviamente, no solo en su edición). Si 100.000 ejemplares representan un gran éxito hoy en día, imaginemos a principios del siglo XVI. Y además revoluciona el uso de la puntuación, convirtiéndose en el padre del punto y coma; es el primero en usarlo por sugerencia del humanista Pietro Bembo. Lo traslada del griego al latín y a la lengua vulgar, a la que añade apóstrofos y acentos.

Aldo Romano (así firmaba en honor a su origen) es el primero en concebir el libro como entretenimiento: inventa el placer de leer. Una verdadera revolución intelectual que transforma un instrumento usado para rezar o aprender en uno para disfrutar del tiempo libre. Aldo es también el primer editor en el sentido moderno de la palabra; en los años anteriores los impresores eran obreros de la plancha, a menudo ignorantes, interesados en el libro como objeto comercial, tal como demuestra la cantidad de errores en las ediciones precedentes a la era Manuzio. A veces incluso se trataba casi de delincuentes: por ejemplo, en 1493, Matteo de Pavía es procesado por haber asesinado a un sordomudo en el Fontego dei Tedeschi, y en 1499 un tal Morgante mata a una prostituta.[1]

Aldo, en cambio, es un intelectual refinado, uno que elige los textos a imprimir por su contenido, no solo por la potencial capacidad de venta. Es el primero en unir el patrimonio de conocimientos culturales, las capacidades técnicas y las intuiciones al entender lo que el mercado necesita. También es muy bueno a la hora de elegir a sus colaboradores, los mejores en los diversos ámbitos que le interesan.

Parece que precisamente fue un factor cultural lo que impulsó su traslado a Venecia: imprimir y por tanto difundir entre los intelectuales como él los manuscritos clásicos griegos y latinos que el cardenal Giovanni Bessarione había donado a la República de Venecia en 1468 y que constituyen el primer núcleo de la Biblioteca Marciana (aunque estudios más recientes sostienen que el fondo de Bessarione era de muy difícil acceso y es probable que Aldo nunca llegara a consultarlo).[2]

Hay más: de las prensas de Manuzio sale el que muchos consideran el libro impreso más hermoso, la *Hypnerotomachia Poliphili*, un texto aún hoy misterioso, lujurioso y pagano, a pesar de haber sido escrito por un fraile dominico, con representaciones eróticas, en ocasiones casi pornográficas (de hecho, la edición conservada en la Biblioteca Vaticana está cuidadosamente censurada). George Painter, responsable de los incunables en el British Museum (además de biógrafo de Marcel Proust), consideraba este libro una piedra angular en la historia de la edición. «La Biblia de las 42 líneas de Gutenberg de 1455 y la *Hypnerotomachia Poliphili* de 1499 rehúyen los dos extremos opuestos del periodo de los incunables con superioridad igual y contraria: la sobria y austera Biblia de Gutenberg, alemana, gótica, cristiana y medieval; la deslumbrante y lujosa *Hypnerotomachia*, italiana, clásica, pagana y renacentista. Las dos supremas obras maestras del arte de la impresión se sitúan en los polos opuestos del deseo humano de investigación.»[3]

Entre los compradores de las ediciones aldinas se encuentran los nombres más célebres del Renacimiento italiano: Federigo Gonzaga, Isabella d'Este, Lucrecia Borgia y el papa León X, esto es, Juan de Médici. Entre los alumnos se encuentran Ercole Strozzi, futuro poeta, y el príncipe Alberto Pío, refinado diplomático; entre los amigos, Giovanni Pico della Mirandola, Erasmo de Rotterdam, los poetas humanistas Pietro Bembo (veneciano) y Angelo Poliziano (florentino), el bibliófilo Jean Grolier de Servières (tesorero general de Francia), el patricio y cronista veneciano Marin Sanudo, el humanista inglés William Latimer, profesor en Canterbury y en Oxford, el humanista y médico inglés Thomas Lynaker, de Canterbury, profesor de griego en Oxford.[4]

Como ocurre a menudo con los personajes de aquella época, muy poco se sabe de Aldo Manuzio antes de que empezara a trabajar como editor. Nace en Bassiano, un pequeño burgo del ducado de Sermoneta, hoy en la provincia de Latina, a unos ochenta kilómetros de Roma en dirección sudeste, probablemente en 1450. Naturalmente, el polo de atracción para quien quiera emprender estudios humanistas es la ciudad papal, donde Manuzio frecuenta, entre 1467 y 1475, los círculos próximos al cardenal Bessarione, asiste a las clases del profesor de retórica Gaspare de Verona, y probablemente entra en contacto con los monjes benedictinos alemanes, que, como hemos visto, habían importado a Italia el arte de la imprenta. En 1475 se traslada a Ferrara, donde profundiza en sus conocimientos de griego. Entre sus alumnos se encuentra Giovanni Pico della Mirandola, tío de los infantes Alberto y Lionello Pío, que aconseja a su hermana, viuda del señor de Carpi, que contrate a Aldo como preceptor de sus hijos. En 1480 Manuzio se traslada a Carpi, donde reside durante nueve años. Una huella concreta de su presencia se encuentra en un fresco en el interior del castillo de la ciudad, donde aún hoy es visible el retrato de un ya maduro Manuzio al lado de su joven alumno Alberto Pío. La profunda influencia que esta estancia ejerce en el futuro príncipe de los editores se ve reflejada en el hecho de que su firma completa será Aldus Pius Manutius Romanus, donde Pius quiere ser precisamente un homenaje al príncipe Alberto. Parece que en aquel periodo Aldo esboza una gramática latina, cuyo manuscrito ha sido identificado en la Biblioteca Querini Stampalia de Venecia, y que hace imprimir al tipógrafo veneciano Battista Torti una colección de elegías latinas.[5]

No se sabe bien por qué, entre 1489 y 1490 se traslada a Venecia. Allí vive otro célebre romano, Marcantonio Sabellico, historiador oficial de la república y, gracias a su cargo de bibliotecario, custodio del enorme tesoro de manuscritos griegos de la Biblioteca Marciana. Sin embargo, solo hay un único testimonio de contacto directo entre los dos, y en realidad Aldo se hace amigo del principal rival de Sabellico, Giambattista Egnazio.[6] En una carta a Poliziano, podría haber escrito que Venecia es «un lugar más parecido al mundo entero que a una ciudad»; sin embargo, se trata de una fuente secundaria y no se puede garantizar su veracidad.

Tampoco se sabe por qué, pero tan solo tres años después decide imprimir su primera edición. «Estaba cerca de los cuarenta, una edad en la que a los hombres de aquel tiempo los huesos les empezaban a crujir y los ojos a velarse. Su carrera ha sido absolutamente respetable, aunque no resplandeciente. [...] Había ganado protecciones, que constituían la mejor seguridad a la que pudiese aspirar un intelectual de segunda categoría.»[7] Algunos suponen que toma la decisión de imprimir libros porque se había cansado de leer clásicos latinos y griegos llenos de erratas y quería disponer de obras de mayor calidad. Las ediciones «se preparaban rápidamente, generalmente a partir de una selección de manuscritos extremadamente limitada, a menudo a partir de una única copia o a partir de una edición impresa anteriormente».[8] Además, los volúmenes estaban destinados a estudiantes que escribían los comentarios de los docentes en los márgenes, tal vez añadiendo reflexiones propias, y estaban encantados de pasarle el material, por unos pocos ducados, a un impresor que así podía sacar una nueva edición comentada. Angelo Poliziano, Marcantonio Sabellico y Giorgio Valla lamentan que muchas de sus ideas se plagian a través de este sistema.

Sin embargo, sabemos que en la biblioteca de Aldo (donada en 1597 por el sobrino a la Biblioteca Vaticana) no hay nada que pueda justificar un amplio programa editorial, ni en griego ni en latín. «La colección de manuscritos no era más que una banal recopilación de clásicos latinos, crónicas locales, obras de devoción, antologías y comentarios.»[9] El primer libro que Aldo imprime es su gramática griega, y lo hace en la imprenta de Andrea Torresani, llamado Andrea d'Asola (Asola, cerca de Mantua, es una de las posesiones venecianas en Lombardía). Manuzio acabará casándose con la hija de Torresani y se mudará a su casa de San Paterniàn (hoy Campo Manin; la iglesia de San Paterniàn, con su campanario pentagonal único construido en el siglo X, fueron derribados en el siglo XIX para edificar en su lugar la sede de un banco). El primer libro que imprime en su imprenta de la calle del Pistor, en Sant'Agostin (la placa actual ha sido colocada en el único edificio del siglo XV de la zona, aunque no se sabe si aquella era la sede real de la imprenta), también es una gramática griega, *Erotemata*, de Constantino

Lascaris, maestro de Pietro Bembo.[10] Así, en febrero de 1495 da comienzo la actividad de la oficina de imprenta más importante del Renacimiento italiano, y probablemente de la historia de la edición. En ningún otro lugar se concentran tantas invenciones e innovaciones como entre aquellas cajas de tipos.

Algo más sabemos con certeza: Manuzio está fascinado por el lenguaje. Por la «estructura de sonidos con ritmos musicales y riqueza de matices. [...] Demuestra sensibilidad casi morbosa por la precisión gramatical y la pronunciación correcta».[11] No es casualidad que publique tantas gramáticas. En 1501 es el turno de una gramática hebrea para la cual utiliza los mismos tipos que había usado el impresor judío Gershon Soncino en 1492 (con toda probabilidad fue Soncino quien la compuso) y que se imprime como apéndice a gramáticas griegas y latinas.[12] Erasmo de Rotterdam en su *Elogio de la locura*, escrito inmediatamente después de su partida de Italia, representa a la diosa que defiende a los gramáticos durante las disputas furibundas acerca de la dudosa terminación de un caso. Con toda probabilidad Erasmo había asistido a discusiones parecidas en la oficina de Aldo. «Si el otro resbala en una palabra y este, quizás con mayor visión, lo sorprende al acaso, ¡por Hércules, qué de tragedias al instante, qué de peleas, injurias e invectivas»,[13] escribe a propósito de las exageraciones de los expertos en gramática y de los eruditos, añadiendo después: «Hay tantas gramáticas como gramáticos; hasta diría más, porque solo mi Aldo ha editado más de cinco».[14]

En cualquier caso, es la edición de textos en griego lo que absorbe en gran medida a Manuzio durante los primeros años de actividad. Empieza a publicar las obras de Aristóteles con la colaboración de intelectuales como Zaccaria Calliergi y Marco Musuro, de los que hablaremos en el capítulo dedicado a los libros en griego. La venta, sin embargo, es lenta; en el catálogo de 1513 (se han conservado tres catálogos de la imprenta de Manuzio) aún hay incunables, muchos a un precio reducido. En 1498 Aldo enferma de peste; por suerte se cura, pero naturalmente se arrepiente de la promesa que había hecho, de tomar los votos sagrados en caso de recuperarse, y el 6 de diciembre de aquel año pide y consigue que el Senado le excuse.

Ya desde las primeras ediciones Aldo introduce una innovación importante: la impresión en dos columnas por página, recuperando el aspecto de los antiguos códices manuscritos. Antes la paginación incluía una única columna. Para las primeras ediciones utiliza una elegantísima fuente redonda (*roman*, en inglés), preparada por Nicolas Jenson y luego revisada por Francesco Griffo, el orfebre boloñés que realizará los primeros tipos en cursiva; la forma definitiva de la fuente aldina aparece en la *Hypnerotomachia Poliphili* (1499) y será el modelo elegido por Garamond para elaborar sus propios tipos; también es el tipo que se encuentra en la base de todas las fuentes redondeadas que utilizamos hoy en día. El mismo tipo que usted está leyendo.

La *Hypnerotomachia Poliphili*, comúnmente llamada *Polífilo* (y así la llamaremos por comodidad), como ya se ha mencionado, se considera el libro más hermoso que haya sido publicado (en julio de 2010 la casa de subastas londinense Christie's vendió una copia por 313.250 libras, más de 356.000 euros). En cada una de las 234 páginas en folio hay imágenes, entre las que destacan entalladuras en madera realizadas por un artista desconocido que estudios recientes sitúan en los ambientes del miniaturista paduano Benedetto Bordon[15] (el autor del primer atlas de islas de la historia), incisiones tan precisas que se atribuyeron en el pasado incluso a Andrea Mantegna o Giovanni Bellini. El mismo texto está compuesto de forma artística, dotando las páginas en su conjunto de un aspecto inusual y agradable.

«El libro más glorioso del Renacimiento, ampliamente ilustrado y maravillosamente decorado, que hasta nuestros días
permanece misterioso, un texto lleno de símbolos y que utiliza
una jerga bizarra, compuesta por varias lenguas y dialectos»,[16]
para ser más exactos, una mezcla de italiano, veneciano, latín,
griego, con elementos de hebreo, caldeo, árabe e invenciones
del autor. «Un trabajo increíble [...], una maravilla de belleza
gráfica y de composición variada, el libro más bello que con-
tenga ilustraciones xilográficas y sin duda la obra maestra de la
escuela veneciana de talladura»,[17] escrito treinta y dos años antes por un fraile dominico de Treviso llamado Francesco Colonna. El hombre había tomado los votos en 1455 y cuando escribe, en 1467, sabe perfectamente que se está dedicando a una
obra que muy poco tiene que ver con los preceptos que debería
respetar. En 1471 el fraile Francesco entra en el convento veneciano de San Zanipolo (de los santos Juan y Pablo), donde morirá en 1527, a los noventa y cuatro años. El *Polífilo* se publica
cuando su autor tiene sesenta y seis. La edición está financiada
por Leonardo Crasso, un rico abogado de Verona, y está dedicada a Guidobaldo de Montefeltro, duque de Urbino. El nombre
de Aldo Manuzio aparece solo en minúsculas en la página de los
créditos.

La trama consiste en el viaje amoroso en busca de una aman-
te huidiza: Polia, en parte mujer real, en parte representación
de un ideal abstracto y espiritual. Es probable que el modelo sea
Lucrecia Lelli, sobrina del obispo en aquel momento superior
del fraile, y de la cual el religioso estaba probablemente enamo-
rado. El libro es autobiográfico —por eso permanece anónimo—, pero el nombre del autor se puede reconstruir a través de
numerosos juegos de palabras.[18] *Hypnerotomachia* es la unión de
tres palabras griegas que significan sueño, amor, lucha. Polífilo, el protagonista, sueña con la hermosa Polia y para alcanzar-

la tiene que superar unas pruebas iniciáticas. La mujer se esconde en una selva, donde encuentra, y lee, numerosas lápidas de la edad clásica. El hombre se despierta del sueño de amor el viernes 1 de mayo de 1467, en Treviso.[19] Se trata del día dedicado a los enamorados, antes de que la celebración pasara al 14 de febrero y el 1 de mayo se convirtiera más prosaicamente en el día de los trabajadores.

El lenguaje, rebuscado y artificial, aunque agradable y no particularmente complicado, hará que durante un tiempo la obra sea abandonada y poco apreciada. Pocos años después, Baltasar Castiglione en *El cortesano* (1528) la cita con desprecio afirmando que una hora de conversación parecida duraría mil años. James Joyce, que evidentemente conocía el *Polífilo*, en su *Finnegans Wake* lo define como «a jestsam litterage of convolvuli of times lost or strayed, of lands derelict and of tongues laggin too» (un desecho basurero de convólvulos de tiempos perdidos o dispersos, de tierras derelictas y de lenguas también demoradas).[20] Por otra parte, Carl Jung, que de la interpretación de los sueños hizo su profesión, en 1925 lee el *Polífilo* en la edición francesa.[21]

No conocemos la opinión de Aldo Manuzio acerca de esta obra, probablemente solo la veía como un desafío tipográfico. Sin duda tuvo que darse cuenta de la escasa ortodoxia del libro porque un año después, en 1500, publica las *Epístolas* de santa Catalina de Siena, corriendo personalmente con los gastos. Se trata de un volumen importante porque contiene la primera frase en cursiva de la historia de la edición, aunque solo se trate de unas pocas palabras: *Jesu dolce Jesu amore*. El 23 de marzo de 1501 Manuzio pide al Senado veneciano un privilegio para tutelar el nuevo tipo cursivo que «se inspiraba en las formas manuscritas usadas en los registros italianos de la segunda mitad del siglo xv y se proponía asegurar a la imprenta la elegancia y la belleza del manuscrito humanista».[22] También hay otra razón, para nada secundaria en una época en la que la materia prima —el papel— cuesta muchísimo, y es que el tipo oblicuo ocupa menos espacio, las líneas son más comprimidas en comparación con el tipo redondeado, y así es posible ahorrar papel. No parece haber ningún aspecto negativo; aunque la letra cursiva sea menos legible que la redonda, la moda del siglo XVI impone que la imprenta tenga que imitar la escritura y el nuevo tipo ideado por Francesco Griffo y por Manuzio se acerca a ese objetivo. La cursiva constituye «una de las innovaciones de mayor éxito en la historia de la tipografía»[23] y es «particularmente apreciada por los impresores del XVI por su elegancia, y también porque se constituye como el prototipo del Renacimiento italiano, y por tanto de la modernidad».[24]

El 14 de noviembre de 1502, Aldo consigue el privilegio para imprimir en griego y en latín con tipos cursivos en todo el territorio de la Serenísima. La relación entre Manuzio y Griffo dura diez, doce años como máximo (en aquel periodo la imprenta permanece activa durante siete años), y es fundamental porque Griffo realiza doce series de tipos en tres lenguas diferentes (latín, griego, hebreo).[25] Los costes para conseguir tipos nuevos son elevadísimos, «millares, más que centenares, de ducados».[26]

Francesco Griffo acabará mal. Al volver a su Bolonia natal inicia su propia aventura editorial imprimiendo en 1516 el *Cancionero* de Petrarca, pero poco tiempo después le parte la cabeza a su yerno con una barra de metal, «quizás un sello tipográfico aún no terminado».[27] Procesado por homicidio, no sabemos con qué resultado, desaparece engullido por las olas de la historia.

La difusión del tipo cursivo corre pareja con la de la otra grandísima innovación ideada por Aldo: el libro de bolsillo; los *libelli portatiles*, como él definía estas ediciones en pequeño formato, sin comentarios de texto, y por tanto aptas para todos los bolsillos. «Eran libros suficientemente económicos para los estudiantes y los estudiosos que vagaban por las universidades europeas.»[28] No es el primero en usar el formato reducido (en octavos), ya utilizado para los textos religiosos, justamente para permitir a los religiosos que se desplacen con sus libros, algo que hubiera resultado muy complicado con los grandes volúmenes *in folio* que permanecían abiertos en los atriles. Sin embargo, Manuzio es el primero en imprimir clásicos en octavos. Empieza con Virgilio, en abril de 1501, y un año más tarde la tirada de los poetas latinos Catulo, Tibulo y Propercio supera los 3.000 ejemplares, un best seller para aquellos tiempos. Todavía en 1501 publica en octavos también a Petrarca, siendo este su primer libro en lengua vulgar.

Manuzio es plenamente consciente de la revolución que está llevando a cabo. Escribe a Marin Sanudo que el libro portátil permite leer en los momentos libres de ocupaciones políticas o de estudio, y al condotiero Bartolomeo d'Alviano (que dentro de unos cuantos años será el responsable de la derrota veneciana de Agnadello) le sugiere que se lleve los libros de pequeño formato a las campañas militares.[29] Nace el concepto de lectura como actividad de entretenimiento y no de aprendizaje, un concepto con cinco siglos de vida aún vigente hoy en día.

Pero parece que para Aldo las revoluciones son como las cerezas: una lleva a otra. Así, cuando imprime un libro de geografía de Pietro Bembo, *De Aetna*, donde el cardenal y humanista veneciano describe impresionado una erupción del volcán siciliano, acepta las sugerencias del autor y usa por primera vez la coma, introduce el uso de los apóstrofos, de los acentos y del punto y coma. En 1502 empieza a marcar los libros con el ancla y el delfín, símbolo utilizado por primera vez (pero en horizontal) en una ilustración del *Polífilo*, y también experimenta con las encuadernaciones, utilizando una en particular, llamada «a la griega», en cuero marroquí verde oliva con flores estilizadas o figuras geométricas impresas en oro, que muy pronto se difunde por todo el norte de Italia.

Funda una academia de estudios griegos, la Neaccademia o Academia Aldina, una manera inteligente de garantizarse el acceso gratuito a las opiniones de los humanistas de su tiempo. El círculo literario estaba activo hacia 1502; afortunadamente, los estatutos se hallan al deshacerse una encuadernación de la Biblioteca Apostólica Vaticana (era común utilizar hojas viejas para encuadernar libros). Todos se empeñan en hablar en griego entre ellos y, en caso de cometer errores, se comprometen a pagar una multa destinada a sufragar alegres banquetes.[30] Inspirada en la asociación del cardenal Bessarione de Roma, donde la lengua utilizada es precisamente el griego, la aldina se convierte en la quinta academia del Renacimiento italiano, después de las dos de Roma, la de Florencia y la de Nápoles.[31]

Grandes son los cambios también por aquel entonces en el plano personal: en 1505, con más de cincuenta años, Aldo Manuzio se casa con Maria, una chica de veinte años, hija de Andrea Torresani. Tendrán cinco hijos. El príncipe Alberto Pío invita a la pareja a Carpi para la luna de miel, pero en vez de irse con su joven esposa, Aldo se sumerge en el trabajo: imprime las *Fábulas* de Esopo, y *Los asolanos* de Pietro Bembo, en dos versiones, una con y la otra sin dedicatoria a Lucrecia Borgia. Un año después de la boda, Aldo abandona la calle del Pistor y se traslada a San Paterniàn, donde comparte imprenta y vivienda con su suegro.

En ese momento Aldo se toma un descanso y viaja a Milán, Cremona y Asola en busca de manuscritos. Pero por error es arrestado por los soldados mantuanos, arrojado a «una prisión oscura y maloliente» y liberado gracias a la intervención personal del presidente del Senado de Milán, a quien le dedicará las *Odas* de Horacio.[32]

En 1507 vuelve a la imprenta, tras haber formado una nueva sociedad con su suegro, Torresani; y con Pierfrancesco Barbarigo, hijo de Marco, dogo en 1485, y sobrino de Agostino, que sucedería al anterior en 1486. El mismo Pierfrancesco se convierte en senador. Los Barbarigo, una poderosa casa patricia, proveen capitales y protección en grandes cantidades.

El 28 de octubre del mismo año, Erasmo acude a Venecia para ocuparse de la edición de sus *Adagia*. El holandés traza en su *Opulentia sordida* un retrato de la vida cotidiana en la oficina de Aldo, y describe al suegro de este, Torresani, como un tacaño sumamente rico que «ahorra en comida sirviendo delicias tales como mariscos de las letrinas públicas, menestras hechas con viejas costras de queso o de tripas, y vino ácido diluido con agua».[33] Erasmo se había puesto en contacto con Manuzio para pedirle que imprimiera su traducción de Eurípides, porque la belleza de los tipos aldinos le garantizaría la inmortalidad. Cuando el filósofo holandés llega a Venecia, se empeña en la publicación de la primera edición de los *Adagia*, y trabaja todos los días en la oficina de Aldo, revisando los borradores y corrigiendo el texto. Parece que el ritmo de composición era de tres páginas al día y, por tanto, habrían sido necesarios nueve meses para completar la obra. El volumen se publica en 1508.[34]

Ya estamos en vísperas de la guerra entre la Liga de Cambrai y la Serenísima, y Manuzio, en los años más oscuros, se refugia en Ferrara, huésped de la duquesa Lucrecia Borgia. Vuelve a la actividad en 1512 y en este periodo se dedica con mayor interés a la impresión en lengua hebrea. Publica a Píndaro y a Platón, completando así la misión que se había impuesto: imprimir todos los clásicos griegos más importantes.[35] La vuelta a la actividad se traduce en la publicación de ediciones griegas de altísimo nivel y en la continuación de la colección en octavos de clásicos latinos. Además, a causa de la guerra, muchos intelectuales abandonan Padua (ocupada por los imperiales) para buscar refugio en Venecia, donde colaboran con la imprenta aldina. Uno de ellos es Marco Musuro, quien se encarga de las ediciones de Platón y de los retóricos griegos.[36]

El gran éxito de Aldo queda demostrado por las numerosas falsificaciones de sus tipos. «Los impresores de Lyon se convierten rápidamente en expertos en reproducir los tipos cursivos y los textos de su modelo, hasta en escribir los prefacios.»[37] Manuzio invierte tiempo y dinero en conseguir privilegios en Venecia y en el extranjero con el objetivo de proteger sus ediciones, pero ninguna de estas medidas será realmente eficaz. «Los lioneses, que nunca reconocen producir ediciones aldinas, continúan imprimiendo en cursivo aldino durante el resto de su existencia, alegremente seguros de la inutilidad de privilegios, multas y amonestaciones desde el sur.»[38] Aldo comete el fallo más clamoroso imprimiendo una lista con los errores de las ediciones falsificadas: el objetivo es que sean fácilmente identificables, pero no se da cuenta de que les está entregando a los falsarios un perfecto y auténtico manual para eliminar errores.

En cualquier caso, Manuzio ya es un divo: el príncipe de los impresores se convierte en un personaje polémico de lo cual se lamenta. En 1514, un año antes de su muerte, escribe en una carta a un amigo:

> Mi trabajo está dificultado por millares de interrupciones. [...] Casi no pasa una hora sin que llegue la carta de un estudioso, y si yo pensara en contestar a todas estaría obligado a escribir día y noche. Durante el día no paran de llegar los visitantes, uno solo quiere salu-

dar, otro quiere saber qué hay de nuevo y muchos entran en mi oficina porque no tienen nada que hacer. «Vamos a ver qué está haciendo Aldo», se dicen. Se sientan y hablan sin propósito alguno. Pero todos estos desocupados no me molestan tanto como aquellos que vienen a ofrecer un poema o algo en prosa (en general muy banal) que quisieran ver publicado bajo el nombre de Aldo. Todas estas interrupciones están siendo excesivas y tengo que hacer algo para reducirlas. Dejo sin contestar la mayor parte de las cartas y a otras envío réplicas secas. [...] He puesto un cartel en la puerta de mi oficina donde dice: «Quienquiera que seas, Aldo te pide que expongas tu cuestión con brevedad y te vayas cuanto antes».[39]

En enero de 1515 Aldo imprime su última edición, el *De rerum natura* de Lucrecio; muere el 6 de febrero y su ataúd se expone en la iglesia de San Paterniàn, rodeado por las pilas de libros que el difunto había impreso. La oración fúnebre corrió a cargo de Raffaele Regio, profesor del Estudio de Padua.

Manuzio ha cambiado definitivamente el método de aprendizaje en Europa: «Cuando el protagonista de *Utopía* de Tomás Moro (1516) quiere enseñarles a los utopianos a imprimir, les muestra los libros griegos de Aldo, símbolo de lo mejor que la literatura y la tecnología europeas pueden ofrecer».[40]

En veinte años, Aldo Manuzio el Viejo ha publicado 132 libros, entre ellos 73 clásicos (34 en latín, 39 en griego), 8 en italiano vulgar, 20 obras contemporáneas en latín y 18 manuales escolares (12 en griego). De las 49 primeras ediciones en griego publicadas por todos los editores, Aldo imprime 30. Excluyendo el periodo bélico de 1506-1512, durante el cual publica solo 11 libros, consigue mantener una media de 10 libros al año, es decir, casi uno al mes, en unos tiempos en los que la composición se hacía cogiendo los tipos de las cajas con las pinzas (exactamente como hasta hace unas pocas décadas).[41]

Su suegro Andrea Torresani se queda a cargo de la imprenta hasta noviembre de 1517, y su hijo Giovanni Torresani le sucede hasta 1528. Cuando el padre muere, las diferencias entre los herederos llevan al cierre de la imprenta. La actividad se reanuda en 1533 con Paolo Manuzio, que muere en 1574, y luego con Aldo Manuzio el Joven, que desaparece en 1597 poniendo fin a la dinastía de impresores que cambió la historia del libro.

3
EL PRIMER TALMUD

Imagínense a un flamenco, un alemán y un tunecino, llévenlos a Venecia juntos, y obtendrán ustedes el mayor concentrado de sabiduría hebrea de la primera mitad del siglo XVI. El encuentro entre estas tres mentalidades, con orígenes muy distintos, tanto geográficos como religiosos (un cristiano, un judío converso, un judío practicante), permitió que la Serenísima, además de ser la capital de la edición en general, se convirtiera, en aquellas maravillosas e irrepetibles décadas, también en la indiscutible capital de la edición en hebreo. Para entender por qué precisamente en la laguna se imprimieron la primera Biblia rabínica y el primer Talmud de la historia, es necesario comprender la larga relación —complicada y conflictiva, aunque fecunda— entre la república veneciana y los judíos.

El primer gueto del mundo es precisamente el *serraglio de' giudei*, creado el 29 de marzo de 1516 en Venecia, en la parroquia de San Girolamo, en Cannaregio. La presencia judía en las lagunas es, no obstante, anterior. La Giudecca, una isla situada al sur de Venecia, parece —aunque no se haya demostrado— que debe su nombre a la presencia de al menos una sinagoga en el siglo XIII. Es cierto, en cambio, que la necesidad de llegar en barco originó una disputa rabínica absolutamente veneciana: si era lícito o no ir en góndola los sábados. La disputa del siglo XVII remitía a un precedente de 1244, cuando el rabino Isaías de Trani había navegado por los canales de Venecia el día en que no está permitido ningún trabajo. Cuatro siglos más tarde, el rabino Simone Luzzatto defendió que se podía usar la góndola los sábados basándose precisamente en el caso de Isaías de Trani, pero el Consejo de la comunidad rechazó dicha argumentación por considerarla demasiado avanzada.[1]

En cualquier caso, a los hebreos no se les permitía vivir en la Dominante (los venecianos llamaban así a la ciudad cuando era una capital), sino únicamente en tierra firme. Después de 1492, cuando Fernando de Aragón e Isabel de Castilla expulsan a los judíos de la Península Ibérica, muchos encuentran refugio en el estado veneciano, tierra de asilo relativamente tranquila. La situación cambia con la derrota de los venecianos en Agnadello, en Lombardía (14 de mayo de 1509), cuando la Serenísima corre el riesgo de ser borrada del mapa por una coalición de las mayores potencias de la época. Los judíos huyen de tierra firme, ocupada por imperiales y franceses, y muchos se refugian en la Dominante, protegida por las aguas seguras de la laguna. Viven diseminados en la ciudad, pero temen que su presencia cada vez más notoria pueda provocar resentimiento, y son ellos mismos quienes piden agruparse en un lugar seguro. «El modelo de un barrio cerrado para personas de distinta nacionalidad y religión había sido elaborado en algunas áreas islámicas y no se consideraba negativo, sino como un elemento de mayor seguridad para quienes residían allí.»[2] En Constantinopla, por ejemplo, los cristianos genoveses viven aislados —y vigilados— en el barrio de Gálata. «También los famosos almacenes venecianos, como el que se creó en el XVI para los alemanes, se inspiraban en las viviendas de los mercaderes cristianos que vivían en territorios islámicos.»[3] El Fontego dei Tedeschi ya existía en el siglo XIII, y en el siglo XVII se creará también el de los turcos.

La idea del gueto, por tanto, se inserta en un sistema ya conocido. La diferencia —para nada menos importante— consiste en el hecho de que, mientras los hebreos piden ser aislados, en realidad se les segrega. En la primavera de 1516 la Serenísima los desplaza a un área completamente rodeada por canales, fácil de cerrar durante la noche, donde antes había fundiciones de cañones, donde se *gettava* («tiraba») el metal. De ahí *getto*, pronunciado por los judíos alemanes (los primeros en instalarse son askenazíes), que no conocen las consonantes suaves, se convierte en *ghetto*. Esta es la etimología más fiable de la palabra que, desafortunadamente, llegará a ser tan conocida. «La república era un asilo bastante acogedor. Concurrían judíos de procedencia alemana, italiana y española, empujados por persecuciones y expulsiones o simplemente en busca de mejores condiciones de trabajo y de vida. Traían consigo sus propios rituales de oración, su jerga, sus costumbres, que muy pronto se mezclarían en una comunidad bastante unitaria.»[4]

Como ocurre a menudo, fenómenos negativos tienen efectos positivos: a los judíos de Venecia encerrados en el gueto se les concede construir lugares de culto. Y para rezar se necesitan libros. Un hecho tan oscuro como el nacimiento del primer gueto de la historia tiene como consecuencia inmediata el florecimiento de una asombrosa industria editorial en hebreo, que desde Venecia se extiende por Europa y el Mediterráneo. «Venecia encerró a los judíos [...]. Pero en el *serraglio de' giudei*, signo de segregación y discriminación [...] se mantuvo vivo y transmitió a las siguientes generaciones el patrimonio ético y cultural que desde siempre distingue al hebraísmo. [...] El libro [...] se convirtió, desde los primeros y atormentados años, en un elemento esencial de supervivencia para toda la comunidad.»[5]

Entre las grandes presencias de comunidades extranjeras en Venecia (griega, armenia, dálmata y judía), de las cuales permanecen rastros visibles en el entramado urbano, solo la hebrea influyó y modificó profundamente la sociedad veneciana. Por supuesto, hubo altibajos en la relación entre Venecia y los judíos. Reiterar la obligación de llevar la gorra amarilla indica que en algunos periodos esta imposición era poco respetada. Durante las guerras contra los turcos, los judíos eran sometidos a duras condiciones porque, erróneamente, se consideraba que eran aliados de los otomanos. Ocurrió en particular durante la Guerra de Chipre, que desembocó en la Batalla de Lepanto (7 de octubre de 1571) y concluyó para Venecia con la pérdida de la gran isla mediterránea. La guerra había sido apoyada, deseada y animada por un personaje muy singular, José Nasi, un riquísimo judío portugués, quien, después de haber transitado por la Serenísima, arribó a Constantinopla y se convirtió en consejero del sultán Selim II. Su odio a Venecia contribuyó a desencadenar contra ella todo el poderío la potencia otomana.

Sin embargo, también hubo momentos en que las relaciones entre judíos y cristianos se entrelazaron hasta convertirse en muy estrechas. León de Módena, quizá el rabino más importante del hebraísmo veneciano, en la primera mitad del siglo XVII atrae a sus sermones también a numerosos no judíos. Hombre de su tiempo, disfruta del juego de azar y de las alegrías de Venus, y las ocasiones para frecuentar a cristianos no faltan. Su alumna Sara Copio Sullam, «la poetisa del gueto», da vida a uno de los salones más famosos de Venecia, frecuentados por judíos y por no judíos, clérigos incluidos. Son los judíos los primeros en celebrar las victorias de Francesco Morosini en Morea (Peloponeso) durante la guerra contra los turcos de 1684-1699, con grandiosas representaciones que escenifican en el nuevo gueto. Los eruditos judíos suelen ser llamados a componer versos con motivo de las bodas entre miembros de célebres casas patricias. Una interacción social y cultural parecida tal vez pueda encontrarse solo en Viena a principios del siglo XX.

Por otro lado, es precisamente en esta atmósfera donde William Shakespeare ambienta *El mercader de Venecia*. La historia de Shylock y Bassanio tenía que desarrollarse por fuerza en un lugar donde los judíos estuvieran profundamente arraigados en la sociedad. «Shylock, el judío más famoso de Venecia, nunca existió. Sin embargo, William Shakespeare, en su comedia, lo transformó en un símbolo inaprensible con tonos trágicos, dolorosos, incluso despiadados. [...] Shylock, personaje ficticio pero verosímil, de carne y sangre, de odio y venganza, es extraordinariamente moderno.»[6]

En el interior del gueto también se produce una diferenciación entre los componentes del hebraísmo veneciano y el «préstamo por empeño, al cual se vinculaba la "nación" alemana, y el gran comercio marítimo, área del núcleo sefardí».[7] Y son precisamente los «alemanes» quienes reactivan el culto y crean un «incentivo para el desarrollo científico y cultural en la línea de la tradición».[8]

Es en este ámbito donde se inserta y se desarrolla la industria editorial en hebreo, que, contrariamente a lo que ocurre en otros lugares, no es alimentada por editores judíos, porque la Serenísima les prohíbe publicar libros. En los exaltados años del auge editorial veneciano, que en breve conduce a la ciudad «a la cumbre de la edición en hebreo en Europa»,[9] solo habrá un impresor judío importante, Meir Parenzo. Quien fuera definido como «el mayor impresor judío de todos los tiempos»,[10] Gershon Soncino, no obstante sus reiterados intentos, nunca desembarcará en Venecia. Se instalará durante un tiempo en el estado véneto, en Brescia, donde en 1494 imprimirá una Biblia destinada a desempeñar un importante papel histórico: se trata de la así llamada *Biblia de Berlín*, la que utilizó Martín Lutero para la traducción al alemán y que dará inicio a la Reforma.

El primero en imprimir textos en hebreo en Venecia es un cristiano de Amberes, Daniel Bomberg, quien será también el primero en publicar la Biblia rabínica y el Talmud. Al principio no fue bien recibido y tuvo que esforzarse mucho para conseguir que el gobierno le otorgara el privilegio para imprimir en hebreo: sus peticiones, acompañadas por crecientes ofertas de dinero, se rechazaban una tras otra. Solo al quinto intento, y tras desembolsar 500 ducados, se le concedió un monopolio decenal. Los escrúpulos religiosos de los patricios no les permitían traspasar ciertos límites y, por otro lado, si Bomberg podía pagar una cantidad tan elevada, es que esperaba un rendimiento importante.[11]

En 1515 funda una imprenta gracias a la colaboración de un judío convertido en fraile, Felice de Prato, quien se dirige al gobierno veneciano para «conseguir como ayudantes a "cuatro hombres judíos muy cultos", tal vez de procedencia extranjera, y que pudiesen disfrutar del privilegio de llevar la gorra negra».[12] La llegada del flamenco a la laguna se produce durante la gran ola migratoria de tipógrafos que, desde el mundo de lengua alemana, descienden hacia Italia; también de Alemania llega Cornelius Adelkind —Israel ben Baruk, antes de la conversión—,[13] quien se encarga de la primera edición del Talmud.

Las primeras obras impresas por Bomberg se han perdido, probablemente no sobrevivieron a la Inquisición. En 1517 sale la primera edición de la Biblia rabínica que contiene «también la traducción aramea y los comentarios de célebres exégetas medievales».[14] «La edición estuvo a cargo del judío converso Felice de Prato, con dedicatoria al papa León X. Los judíos, por el editor y por la dedicatoria, no la reconocieron y empezaron a contar las biblias rabínicas [...] desde la siguiente, que se publicó, siempre en cuatro volúmenes y siempre *in folio*, en 1524-1525, completamente renovada y editada por Yaaqov ben Chayyim, un judío originario de Túnez.»[15] Parece evidente que estos primeros ejemplos de impresión en hebreo se dirigían más a hebraístas (tanto judíos como cristianos) que a judíos. La

dedicatoria a León X «indica que los lectores de libros en hebreo no eran exclusivamente judíos, sino que el interés hacia la
cultura judía se difundía también en ambientes humanistas y
religiosos».[16] No hay duda de que el auge de la edición en hebreo también es el resultado de «un sincero interés literario
[...] por parte de individuos ajenos al hebraísmo»[17] que desea-
ban acceder a los originales de obras fundamentales para el desarrollo de la cultura occidental.

En cualquier caso, Chayyim, audaz filólogo, recorre un camino diferente del de predecesor converso, integrado en la tradición, y realiza así una larga búsqueda de manuscritos; su edición de la Biblia rabínica está destinada a convertirse en el
referente fundamental durante cuatro siglos, hasta la Biblia en
hebreo impresa en Leipzig en 1913, «la más difundida en las fa-
cultades de teología europeas, sobre todo protestantes».[18] «Las
biblias rabínicas se encuentran seguramente, tanto por la composición de los textos como por el esfuerzo financiero, entre las
ediciones más importantes que Bomberg haya impreso.»[19]

Mientras trabaja en las biblias rabínicas, el editor también
piensa en el Talmud. Cornelius Adelkind se encarga de la edición del Talmud babilonio, que se imprime en doce volúmenes
entre 1520 y 1523, mientras que entre 1522 y 1523 salen de las
prensas los cuatro volúmenes del Talmud palestino. También
en este caso la edición de Bomberg es memorable «no solo por
la precisión filológica y la belleza de los tipos, sino también por
la paginación»,[20] y está destinada a convertirse en un modelo:
«La composición del texto era tan buena que se reprodujo en
todas las impresiones de los siglos sucesivos».[21] Como es evidente, en este breve periodo el impresor flamenco afincado en
Venecia publica por primera vez algunas de las obras fundamentales del hebraísmo. Pero su actividad es aún más amplia,
trabaja bajo comisión en «numerosas comunidades de la diás-

pora de entonces, Roma, España, Alemania y Grecia, e incluso hasta en Alepo, Siria».[22]

Una copia, perfectamente conservada, de los doce volúmenes del Talmud de Bomberg está a la venta en Sotheby's, junto a otros trece mil libros en hebreo, por 40 millones de dólares. Se trata de la Valmadonna Trust Library, una inalcanzable colección reunida durante sesenta años por Jack Lunzer, conde de Valmadonna (el título hace referencia a una pequeña ciudad piamontesa en la provincia de Alessandria). Este señor, de padre inglés, nacido en Amberes en 1924, se mudó a Londres de niño, y se convirtió en uno de los más importantes mercaderes de diamantes industriales. A partir de la década de 1950 empezó a coleccionar libros en hebreo. En 1956 tuvo conocimiento de que la abadía de Westminster conservaba, parcialmente olvidado, el Talmud babilonio impreso por Bomberg. Se trataba de una copia encargada por Enrique VIII para evaluar la posibilidad de convertirse al judaísmo y así poder divorciarse. Pero cuando los doce volúmenes llegaron a Londres, años más tarde, el soberano ya había fundado la Iglesia de Inglaterra y no los necesitó. Sin embargo, ya los había pagado y los envió a la abadía, donde cayeron en el olvido desde hacía siglos. Lunzer tardó veinticinco años en conseguirlos, lo que ocurrió en la década de 1970 gracias a un intercambio: «donó» una copia del estatuto de la abadía de Westminster, de nueve siglos de antigüedad, a cambio del Talmud veneciano. Su sobrino cuenta que el encargado de la biblioteca de la abadía, al enterarse de que el estatuto estaba en el mercado, recibió al coleccionista con estas palabras: «Señor Lunzer, le estábamos esperando».[23]

Pero volvamos a aquellos años del siglo XVI, cuando entra en la oficina de Bomberg otro personaje fundamental, alemán también, Eliyyah ben Asher ha-Levi Ashkenazi, más conocido como Elias Levita, que desde 1528 hasta 1549 (con una inte-

rrupción de cuatro años) trabaja en la imprenta como «consejero, editor y corrector».[24] Levita huye de Roma en 1527 cuando, durante el saqueo de los lansquenetes, pierde «todas sus
propiedades, los libros y los manuscritos y evita la muerte refu-
giándose en Venecia con su familia; se ganará la vida como corrector en la imprenta de Bomberg y como profesor de hebreo
para muchos cristianos de bien».[25]

El nombre de Elias Levita quedará asociado a la primera gramática completa de lengua hebrea. En realidad, ya había habi-
do intentos precedentes, incluso célebres, de imprimir gramáticas, como por ejemplo la *Introductio per brevis ad Hebraicam
linguam*, casi seguramente compuesta por Gershon Soncino,
impresa por Aldo Manuzio a partir de 1501-1502, como apéndice a gramáticas griegas y latinas».[26] El *Massoret ha-Massoret*,
«un verdadero clásico de la cultura judía»,[27] es impreso por
Elias Levita en 1538. El estudioso es el primero en establecer
que los puntos puestos para indicar las vocales no son tan antiguos como el alfabeto hebreo, como entonces se creía, sino una
innovación introducida a partir del siglo v de la era cristiana.
Por ese motivo hace que Bomberg publique, en el interior de la
gramática, una mano con el índice extendido que, precisa en la
introducción, es «una forma de decir: "Mira, esta es una novedad"».[28] Levita se expresa en términos entusiastas acerca de su
jefe, definiéndolo como «maestro impresor, artista sin parangón en Israel»,[29] y permanece indisolublemente vinculado a él,
aunque se convierta en maestro de hebreo de dos cardenales:
Egidio de Viterbo primero y Domenico Grimani después. Este
último, un patricio veneciano, desempeña un papel fundamental en la historia del libro porque nos ha transmitido el que
puede considerarse, en el ámbito editorial, como la Capilla Six-
tina entre los frescos, el *Breviario Grimani*. Se trata de un códice
de 832 folios, todos ilustrados, con cincuenta miniaturas a pá-

gina entera pintadas por artistas flamencos. Está comprobado que el cardenal era su dueño en 1520; ahora el códice de las maravillas se conserva en la Biblioteca Marciana, en Venecia.

«El Aldo de los libros hebreos» —como Bomberg era llamado en clara referencia a Manuzio, ya entonces incontestablemente reconocido como el más grande entre los grandes— imprime, en sus treinta y dos años de actividad, entre 1516 y 1548, más de 180 obras. Utiliza papel de óptima calidad, afiligranado, con un ancla inscrita en un círculo y una estrella en la parte superior, un papel que el tiempo nos ha devuelto amarillento pero aún fuerte y consistente. «Los censores de la Iglesia han entintado páginas en miles de volúmenes, pero el papel se ha demostrado más duradero que la tinta porque esta se ha descolorido, mientras las palabras impresas, un tiempo borradas, ahora son de nuevo legibles, para probar que Domenico Ierosolimitano, fray Luigi de Bolonia y Giovanni Dominico Carretto (tres de los censores más acérrimos) vivieron y entintaron en vano.»[30] En realidad, no siempre fue así; en la *Mishné Torá* impresa por Bomberg en 1525, y conservada en la Biblioteca Renato Maestro de la comunidad judía veneciana, numerosas páginas presentan varias líneas ennegrecidas por la censura; en algunos casos, efectivamente, las palabras borradas son nuevamente legibles bajo la tinta aclarecida por el tiempo, pero en otros la tinta ha deteriorado el papel agujereando la página (el volumen presenta una dedicatoria en español: «Este es un precioso libro que aj en el mundo [...] mas precioso libro en toda Italia»).

No se conocen con exactitud los motivos por los cuales el editor flamenco cesó en su actividad; su hijo David continuó publicando durante un tiempo, pero luego los tipos se vendieron a otros impresores. Después de él, emerge la figura de Marco Antonio Giustiniani, un patricio veneciano que instala una tipografía en Rialto, en la calle dei Cinque (la calle todavía existe, con el mismo nombre y une Riva del Vin con Ruga Rialto, pero no hay nada que indique dónde se encontraba la oficina de Giustiniani). Trabaja durante siete años, de 1545 a 1552, utilizando como emblema el templo de Jerusalén; publica 86 ediciones, de altísima calidad, gracias a la ayuda de unos colaboradores de Bomberg y al empleo de «los tipos cortados para él por el más célebre punzonador del tiempo, el francés Guillaume Le Bé, que llegó a Venecia precisamente en 1545».[31] Le Bé prepara los tipos también para el único impresor judío de aquellos años, Meir Parenzo, por entonces corrector de Bomberg, que, utilizando la insignia de la menorá, el candelabro de siete brazos, publica libros de temática variada entre 1545 y 1549.

Sin embargo, ya hemos llegado al principio del fin, que se precipita precisamente por una querella —cuyo origen es comercial y con el tiempo se convierte en doctrinal— entre Giustiniani y otro editor, también cristiano y patricio, Alvise Bragadin (él también, como ya hiciera Bomberg, trabaja para el mercado internacional y de hecho imprime libros de oración en formato de bolsillo para las comunidades sefardíes).[32]

La tipografía Bragadina empieza con una edición de la *Mishné Torá* de Moisés Maimónides, comentada por Meir Katzenellenbogen, un rabino alemán que había estudiado en Praga, representante de los anticabalistas paduanos. Paralelamente, y en competencia, Giustiniani imprime el mismo texto, obviamente sin las notas del rabino Katzenellenbogen. Entre Bragadin y Giustiniani se desencadena una pelea furibunda que pronto degenera en una lucha abierta.[33] El primero acusa al segundo de boicotearlo con la impresión del Talmud. El rabino de Praga, involucrado en la situación, pide ayuda a las más altas autoridades del tiempo y el rabino Moisés Isserles, de Cracovia, después de una indagación precisa, amenaza con excomulgar a todos los que compren la edición de Giustiniani. Bragadin gana la primera batalla, pero su adversario se dirige al papado para que la obra de su opositor sea condenada. Si hubiera imaginado las consecuencias de su decisión —el cierre de las imprentas, la suspensión de la edición en hebreo en Venecia durante una década y el fin de la hegemonía veneciana en este ámbito—, probablemente no la habría tomado.

En Roma soplaban vientos de cambio. El florentino León X, miembro de la familia Médici, hijo de Lorenzo el Magnífico, alumno de Poliziano, humanista refinado y culto, protector de Miguel Ángel, Rafael, Ariosto, Maquiavelo, con su interés tan renacentista por la cultura hebrea, muere en 1521. Como jefe de la Inquisición está ahora un duro cardenal de Irpinia, Gian Pietro Carafa, que subirá al trono papal con el nombre de Pablo IV. Es un rigidísimo e inflexible custodio de la ortodoxia, empapado de odio hacia los judíos, que hace de la lucha contra la herejía su razón de ser. Es probable que no esperara nada mejor que entrometerse en la disputa entre los dos editores venecianos. Giustiniani y Bragadin le ofrecen la cuerda con la que colgarlos: «Cada uno de los dos impresores, en el intento de perjudicar al otro, acabaron por defender que en las respectivas publicaciones había elementos blasfemos y contrarios a la religión cristiana»,[34] ayudados por el asesoramiento calumnioso de judíos conversos. Como no podía ser de otro modo, en agosto de 1553 el papa Julio III emite una bula que obliga a entregar y quemar los libros hebreos; en particular los dardos del Vaticano se dirigen hacia el Talmud y su recopilación de normas con relativas interpretaciones, hasta el punto de que, cuando —décadas después— las aguas se calmen, el ostracismo contra esta obra permanecerá y se podrá imprimir solo a condición de no escribir «Talmud» en la portada.

Mientras tanto, en Roma, los responsables de la Inquisición entran en las casas de los judíos, secuestran y tiran a la calle todo lo que encuentran impreso. La primera hoguera del Talmud y de los libros en hebreo arde en Roma en Campo de' Fiori el 9 de septiembre de 1553, día del año nuevo judío. Venecia, que en otras ocasiones se resistirá al papado hasta sufrir el Interdicto (la excomunión del estado), esta vez cede. El nuncio Ludovico Beccadelli, boloñés, trabaja para defender las peticiones de la secretaría papal y en octubre el Consejo de los Diez dispone que también en Venecia las obras censuradas se quemen. Un mes después de Roma, la hoguera arde en la laguna. Es el mismo nuncio quien lo cuenta, el 21 de octubre, prácticamente en directo: «De repente juntaron todos los Talmudes que quedaban en la imprenta del caballero, que ardieron públicamente en Rialto, y así se eliminaron los de los judíos, de los cuales esta mañana se ha hecho un buen fuego en la Plaza de San Marcos».[35] Para entonces, Giustiniani ya no imprime desde hace un año, agobiado por los insoportables daños sufridos, y en 1553 cierra también la imprenta de Bragadin, ambos víctimas de sí mismos.

Hasta 1563 no se volverá a publicar libros en hebreo en Venecia y, mientras tanto, pequeños centros se aprovechan de la situación y se convierten en sedes de imprentas activas en el sector: Ferrara, Cremona, Mantua y la vecina Sabbioneta, donde se establece Cornelius Adelkind, y también Riva del Garda, donde es precisamente su príncipe, el cardenal Cristoforo Madruzzo, quien apoya la tipografía hebrea. «Sin embargo, ningún editor, a pesar de los éxitos muy apreciables, consiguió igualar la calidad del producto de la laguna.»[36]

Cuando en Venecia reaparece la edición en hebreo, ya estamos en plena Contrarreforma y todos los volúmenes publicados —hebreos y no— tienen que ser sometidos a censura preventiva; desde 1564 Pío IV permite la impresión del Talmud, aunque censurado y sin la palabra «Talmud» en la portada.[37] El gobierno de la república veneciana establece un estricto control de las importaciones de libros y un funcionario del Santo Oficio acompaña a los encargados aduaneros en el control de los materiales que llegan. Como ya se ha mencionado, la situación empeora mucho en los años de la Guerra de Chipre y de la Batalla de Lepanto (1571). El retorno de la paz y la reanudación del comercio con los otomanos permiten que en la laguna vuelva la serenidad, pero el lujo de principios de siglo pertenece definitivamente al pasado: «A finales del XVI los judíos de Venecia adoptaron una especie de autocensura: cada volumen debía contener la aprobación del rabino que testificaba la ausencia de ofensas de cualquier tipo tanto hacia el hebraísmo como hacia la religión católica».[38]

El XVII es un siglo oscuro para muchos sectores de la edición veneciana, pero la hebrea representa una excepción porque conservará una notable vivacidad, sobre todo por mérito del rabino León de Módena, tal vez la figura de mayor relevancia en la historia del hebraísmo veneciano. Las *Hagadá* (libros rituales de Pésaj) no son una novedad en Venecia, pero es aquí donde alcanzan las cimas de mayor refinamiento. En 1609 aparecen tres ediciones con numerosas ilustraciones, importantes sobre todo desde el punto de vista lingüístico, «una de rito español con la primera traducción en ladino en caracteres hebreos, una de rito alemán con la primera traducción en yiddish, finalmente una de rito italiano con la primera traducción en italiano con caracteres hebreos».[39] Esta última *Hagadá* es realmente original, porque se trata de un italiano vulgar mezclado con palabras en veneciano, y no sería erróneo hablar de un veneciano en caracteres hebreos, un extraño veneciano/hebreo que será publicado durante todo el siglo. Las *Hagadá* impresas en la Serenísima constituirán el modelo para la *Hagadá* de Livorno de 1892. La edición de 1640 —48 páginas y un centenar de ilustraciones— incluye una introducción de León de Módena y los textos, al menos en parte, se pueden atribuir al mismo rabino. Este es también el autor de la *Historia de riti hebraici*, dirigida sobre todo a los no judíos, y del *Novo dittionario hebraico e italiano*, destinado en cambio a los judíos. Su génesis es interesante: León de Módena se da cuenta de que traducir toda la Biblia del hebreo al italiano sería un trabajo arduo y costoso, que difícilmente obtendría el permiso de publicación y que la Iglesia recibiría muy mal. Por otro lado, la familiaridad con el hebreo está cada vez más limitada al círculo restringido de los eruditos y en consecuencia el conocimiento de las Escrituras en hebreo está poco a poco disminuyendo. Por eso el rabino compila un diccionario, para volver más fácilmente accesible la Biblia hebrea también a quien conoce la lengua poco y mal. El diccionario se imprime en 1612 «en una edición que hoy se diría "económica"»[40] y alcanza una notable difusión.

En cualquier caso, la edición en hebreo permanecerá durante todo el siglo XVII en libertad vigilada, lo cual implicará que Venecia dejará de ser el centro intelectual de la diáspora y pasarán a serlo a Livorno, Ámsterdam y Londres. El último texto en hebreo saldrá de una imprenta veneciana en 1810.[41]

4

EL CORÁN PERDIDO

En verano puede hacer un calor infernal en Venecia. Y el jueves 2 de julio de 1987 era precisamente uno de esos días en los que el calor tropical vuelve el aire casi irrespirable. Y aun así, puede sobrevenir un sudor frío. Por ejemplo si se tiene entre las manos un Corán perdido desde hace medio milenio. Dicho de otro modo, si se tiene el primer libro sagrado del islam impreso en árabe, una obra que nadie había vuelto a ver desde la segunda mitad del siglo XVI y de cuya existencia se dudaba (tanto que solo unos pocos meses antes, en un congreso de la sociedad internacional de estudios árabes, había sido definida como una leyenda sin fundamento documental alguno).

Y, sin embargo, ese libro existe y está en manos de una joven estudiosa italiana, Angela Nuovo. Tiene treinta años, es alta, delgada, pelo castaño, ojos avellana. Trabaja en una de las más antiguas y prestigiosas bibliotecas italianas, la Braidense de Milán, y está siguiendo el rastro de Alessandro Paganini, el tipógrafo renacentista objeto de sus estudios. Ciertamente un personaje interesante. Perteneciente a una familia que se dedica al oficio —su padre Paganino se traslada a Venecia desde Toscolano, en la orilla de Brescia del Lago de Garda, donde la familia es dueña de una empresa papelera—, se distingue por ser un editor «emprendedor, innovador, inventor del formato en veinticuatro folios, dotado de excepcionales competencias técnicas en la composición del los tipos», subraya Angela Nuovo, hoy docente universitaria de Bibliografía y Biblioteconomía en Udine. «Con los elegantísimos tipos de Alessandro Paganini», se imprime en Venecia uno de los libros más célebres del

Renacimiento italiano, el *De divina proportione*, de Luca Pacioli, el texto donde están representadas las figuras concebidas por Leonardo da Vinci y aquel hombre de Vitruvio destinado a convertirse en un icono (inmortalizado en la moneda italiana de 1 euro). Además, Paganini es el editor del *Baldus* de Teófilo Folengo, un divertidísimo poema satírico en latín macarrónico, publicado en diecisiete cantos en 1517, hoy injustamente olvidado.

La joven estudiosa sabe que un ejemplar rarísimo, impreso por este tipógrafo, está custodiado en la biblioteca del convento de la isla de San Michele. Merece la pena dedicarle dos palabras a este lugar, hoy conocido más que nada por ser el cementerio de Venecia —fundado en época napoleónica juntando dos islas, la de San Michele y la de San Cristoforo della Pace—, donde descansan para siempre el poeta americano Ezra Pound y el compositor ruso Ígor Stravinski. Pero el monasterio benedictino de San Michele es mucho más antiguo. La iglesia, construida con piedra de Istria, y por tanto completamente blanca, es una de las obras más hermosas realizadas por el arquitecto renacentista Mauro Codussi.

La biblioteca del viejo monasterio contaba con más de 40.000 volúmenes y 2.300 manuscritos, antes de las confiscaciones napoleónicas. Algunas obras eran de enorme valor, por ejemplo las de fray Mauro de Venecia, célebre cartógrafo muerto en 1459 que precisamente había trabajado allí. Gran parte del patrimonio fue trasladado a la Biblioteca Marciana, en la Plaza de San Marcos. Tras el huracán napoleónico, el convento, ya vacío, es asignado en 1829 a los franciscanos para que vigilen el cementerio. En breve, los frailes crean una nueva biblioteca. Las posteriores confiscaciones de 1866, tras la unificación de Italia, no la afectarán porque se consideraba que todo lo que se podía requisar en los conventos ya había sido requisado y que solo quedaban libros religiosos, despreciados por la nueva Italia, liberal y anticlerical.

Hoy iglesia y convento están otra vez vacíos, los frailes ya no viven allí, ni tampoco los libros, que desde el verano de 2008 se encuentran no muy lejos, en la novísima biblioteca franciscana de San Francesco della Vigna, más allá del brazo de laguna que separa San Michele de Venecia. En 1987, cuando Angela Nuovo se encuentra allí, la biblioteca lleva varias décadas en manos de un fraile anciano, pequeño y delgadito, que se ha convertido en una especie de institución en el convento. Gran erudito, profundo conocedor de los libros que custodia, se llama Vittorino Meneghin (1908-1993) y es originario de Fener, un pueblo del interior en los Prealpes, a la orilla del Piave, el río donde los italianos resistieron ante los austríacos durante la Primera Guerra Mundial (es curioso que precisamente en el mismo pueblo nació otro Meneghin, Dino, destinado a convertirse en uno de los más grandes jugadores de baloncesto de todos los tiempos, plata en las Olimpiadas de Moscú de 1980). Medio siglo antes, este fraile había compilado y actualizado el catálogo, y clasificado los libros y los opúsculos de la biblioteca del convento, utilizando las viejas fichas cuando estas estaban disponibles.

Y es siempre él quien mantiene la biblioteca rigurosamente cerrada: no quiere que nadie entre. Recuerda Giorgio Montecchi, docente de Bibliografía y Biblioteconomía, entonces en Venecia, ahora en Milán: «Era una biblioteca desconocida para los estudiosos. Por otro lado, estábamos convencidos de que no habría nada interesante porque gran parte del material se encontraba en la Marciana». Pero, mientras tanto, el Ministerio de Cultura compila un catálogo de las obras del siglo xvi según el cual resulta que justamente entre aquellos muros se conserva uno de los dos ejemplares existentes de un ejercicio espiritual de Antonio de Atri, publicado por Alessandro Paganini en 1514. La otra copia está en Sevilla, pero Montecchi no ha conseguido verla porque la Biblioteca Colombina estaba cerrada cuando viajó allí. Quiere examinar el volumen, su alumna Angela Nuovo también. Sin embargo, hay que superar un obstáculo aparentemente insuperable: fray Vittorio Meneghin, que no quiere a intrusos entre sus libros. Como a menudo ocurre, la casualidad soluciona el problema: la directora de la biblioteca central de la Universidad de Venecia, Anna Ravalli Modoni, conoce al fraile Vittorino, actúa como intermediaria y concierta una cita entre los dos estudiosos y el fraile bibliotecario.

La razón por la cual el franciscano no quiere que nadie entre en su biblioteca es porque teme que la administración municipal le quite sus amados libros. Como se revelará más tarde, no todo el fondo antiguo del monasterio fue entregado; todavía se custodian muchos manuscritos que habían sido escondidos y nunca habían dejado la isla. Además, una sala de la biblioteca alberga unos millares de volúmenes, tal vez 5.000, alguno antiguo, la mayoría de la primera mitad del siglo XIX, y todos marcados con el sello «Ayuntamiento de Venecia». Se trata con toda probabilidad de un viejo fondo que el ayuntamiento había depositado en San Michele y que había sido completamente olvidado. El hombre de fe se consolará un poco cuando el hombre de ciencia le explique que el ayuntamiento no sabría ni siquiera dónde poner aquellos libros y que, de todas formas, después de tanto tiempo resultan del todo usucapidos.

El profesor Montecchi, la mañana del aquel 2 de julio canicular, tiene exámenes en la universidad; él y Angela Nuovo se suben al *battello* (una suerte de autobús acuático, para quienes no conocen Venecia) a primera hora de la tarde, y bajan en la parada de San Michele junto a un nutrido grupo de ancianas señoras que van a visitar a sus difuntos maridos. Mientras las viudas venecianas continúan por el claustro para acceder a los varios campos del cementerio, Angela y el profesor pasan por una puerta a su izquierda para sumergirse en el fresco garantizado por los espesos muros del convento. El volumen que han pedido está allí esperándolos.

Una vez examinado el libro impreso por Paganini, la joven estudiosa le pide al padre bibliotecario si puede ver el catálogo que él mismo había mecanografiado cincuenta años antes. Son tiempos sin Internet, y la única posibilidad de saber qué contienen los estantes, sobre todo en el caso de pequeñas bibliotecas como esta, es consultar *in situ* la lista de los libros conservados. Angela Nuovo lo hace escrupulosamente, mientras Giorgio Montecchi charla con el fraile, un poco para distraerlo de los celos por la intrusión entre sus libros, un poco porque es un verdadero experto de quien se puede aprender mucho. Los ojos de Angela Nuovo se fijan en un *Alcoranus arabicus sine anno* y pide examinarlo. Pero hay que ir a buscarlo y ella no puede entrar en la zona de clausura del convento: es una mujer. En su lugar va el fraile Vittorino, acompañado por Giorgio Montecchi. La biblioteca se encuentra en el primer piso. En una sala están conservados los libros del ayuntamiento que el fraile teme que le sean sustraídos; en la otra, los más antiguos y preciosos. Una vieja foto nos muestra una sala no particularmente grande, con las paredes ocultas en parte por los volúmenes, en parte por cuadros, y dos ventanas a un lado. En el centro se encuentra un gran atril. En uno de los estantes de la sala se halla el Corán. El docente es capaz de reconocer un libro del siglo XVI, y aquel lo es. «Recuerdo que desde las ventanas se veía el cementerio, y yo recibía este libro que volvía de la vida», observa Montecchi. Baja, pues, siguiendo al fraile, y cuando ve a su alumna le hace una señal de triunfo.

El libro llega ahora a las manos de Angela Nuovo. Lo abre, lo mira, lee la nota de posesión, lo reconoce inmediatamente. «Estábamos a más de treinta grados, y tuve frío», recuerda. Se vuelve hacia el profesor y le confirma: «Es este». Él guarda cierta incredulidad académica: «¿Estás segura?». Ella no tiene dudas.

De lo poco que se sabía de aquel Corán perdido es que había pertenecido a un estudioso renacentista de lenguas orientales, Teseo Ambrogio degli Albonesi (1469-1540), de Pavía. Y en la copia del *Alcoranus arabicus* conservada en San Michele precisamente se encontraba la firma de Teseo Albonesi. «Conocía otras obras procedentes de su biblioteca, en Pavía, perdida después de la muerte del propietario —afirma Nuovo—, y la letra era la misma. Además, la nota de posesión fechaba el libro, porque el hombre había muerto en 1540.» Justamente, aquellos eran los años en los que el supuesto Corán podía haber sido impreso (y no después de 1538, porque en aquel año la actividad editorial de Alessandro Paganini se interrumpió).

«Lo encontró ella, yo me limité a explicarlo. Ella lo identificó en el catálogo. Todo descubrimiento es un hallazgo y ella lo encontró», concede aún hoy Giorgio Montecchi. Mientras tanto, la mujer, radiante, anuncia el descubrimiento al padre Meneghin (contento y también estupefacto, pobre hombre, y hay que entenderlo: había custodiado aquel libro durante más de cincuenta años y nunca se hubiera imaginado de qué se trataba), y este llama a sus hermanos para que se acerquen a admirar el volumen. «Este Corán tiene muchos padres y una madre», recuerda haber comentado Angela Nuovo (pero los frailes no están muy contentos de que, nada más llegar, haya sido una mujer de fuera la que haya descubierto, dicho y hecho, un tesoro del que ellos nunca se habían percatado). Por la noche el profesor Montecchi, para celebrar el hallazgo, lleva a su alumna a cenar a un restaurante de Venecia: «Fue una noche hermosa», dice, y recuerda haber encontrado a un colega que tiempo después le dirá: «¿Qué hacías aquella noche en la calle, tan contento, con aquella chica?».

La nota de posesión del Corán posterior a la de Albonesi es la del padre Mancasula de Asula, vicario del Santo Oficio de Cremona (Angela Nuovo nació precisamente en Cremona, por añadir una coincidencia ulterior) e inquisidor general de Como. El visto bueno de la Inquisición fue concedido con toda probabilidad porque se trataba de un libro no peligroso, ya que nadie habría podido leerlo, a menos que hablara árabe. Además, en el primer periodo de la Contrarreforma la Inquisición era menos rigurosa de lo que sería después.

Y después nada: el volumen es engullido por las tinieblas de la historia hasta el momento en que reaparece en las manos de la joven estudiosa.

Un libro considerado perdido durante siglos, alrededor del cual se habían generado las hipótesis más complejas, con un aura de misteriosa —y no benévola— leyenda: el Corán impreso por primera vez en árabe en Venecia, uno de los misterios más fascinantes de la bibliografía antigua, además de una etapa fundamental en la relación entre Occidente y Oriente, reaparece hoy, en óptimo estado de conservación, en la misma ciudad donde se imprimió hace exactamente 450 años,

escribe Angela Nuovo en el artículo en que anuncia al mundo el descubrimiento del libro desaparecido.[1]

«No podían haber sido muchos los que imprimieron el Corán —reconstruye la profesora Nuovo—, y después de su hallazgo todos los testimonios de quienes lo habían visto convergían hacia su autenticidad, siendo el más importante el de Albonesi, que hablaba de "Corán árabe impreso en Venecia".» En aquel periodo el interés por las lenguas de Oriente Medio iba en aumento; Albonesi conocía el hebreo, el sirio, el árabe, el armenio y el etíope y había publicado una «Introductio» a varios idiomas orientales, algunos reales, otros mucho menos, como «la lengua del diablo» (sería interesante entender de dónde la había sacado). Es posible que Albonesi se hallara en Venecia (en aquella época más que nunca puerta de Oriente y etapa esencial para quienes se interesaban en estos estudios) cuando el Corán fue impreso y que hubiera conseguido una copia para llevársela a Pavía. Probablemente la única copia presente en Italia y tal vez en Europa, considerando que no es mencionada por ningún otro orientalista.

El libro, como ya se ha dicho, acaba en Cremona y luego desaparece. Ya veremos lo que se supone que ocurrió, pero por ahora nos limitaremos a reconstruir los sucesos ligados a su descubrimiento. El Corán, por caminos absolutamente desconocidos para nosotros, llega a Cèneda —convertida, después de la unión con Serravalle, en Vittorio Veneto—, la pequeña ciudad de la que es originario el judío Emanuele Conegliano, el libretista de Mozart, más conocido como Lorenzo da Ponte —el nombre que asumió una vez bautizado—, y que es además el lugar del que procede el interior en madera de sinagoga hoy expuesto en el Museo de Jerusalén. Aquí el libro se queda, no sabemos por cuánto tiempo, en un convento también víctima de las confiscaciones. Sin embargo, también en este caso, los frailes intentan salvar las ediciones más preciosas; hacen que los estantes tomen el aire, así dicen, para poner los libros en lugares donde los funcionarios no habrían ido a buscarlos (se anunciaban con antelación, y por tanto se sabía perfectamente cuándo y adónde irían). En este caso, el fondo acaba en el seminario episcopal, no sujeto a la incautación por parte del estado, con el acuerdo de que se entregaría al primer convento franciscano que abriera de nuevo. Cuando los frailes menores son llamados a encargarse del cementerio de Venecia, el grupo de libros entre los que figura el Corán sale hacia San Michele.

La razón por la cual nadie comprendió nunca la gran importancia de aquel volumen, a pesar de ser conservado en una biblioteca y regularmente catalogado, es muy sencilla: nadie sabía leerlo. «En cinco siglos, quien lo tuvo frente a sí nunca se dio cuenta de lo que era y los muchos que lo tuvieron entre las manos no lo destruyeron», observa Nuovo, recordando un periodo de la historia durante el cual las hogueras de libros no eran nada raras.

El Corán de Paganini está impreso completamente en árabe, no hay ninguna fecha, no aparece el lugar donde se imprimió, no hay nada escrito en latín excepto unas notas de traducción de Albonesi que quizá permitieron catalogarlo como Corán. En toda Europa los estudiosos que conocían el árabe podían ser probablemente una decena. La ignorancia a menudo destruye, pero en algunos casos salva. Había que saber mirar para poder identificarlo; Angela Nuovo sabía hacerlo, los demás no. Los descubrimientos siempre ocurren un poco por casualidad y un poco por suerte, y es exactamente lo que ocurrió: se buscaba A y se encontró B, y B resultó ser un tesoro de valor inestimable.

Encontrar el primer Corán impreso hizo que Angela Nuovo se convirtiera para la bibliografía en lo que Howard Carter y lord Carnarvon, los descubridores de la tumba de Tutankamón, fueron para la egiptología. «Entendí que aquel descubrimiento me cambiaba la vida, era bibliotecaria, pero había elegido el camino de la investigación y aquel suceso fue determinante para mi carrera. Es raro que hoy se hagan descubrimientos tan clamorosos en este ámbito.» Y gracias a lo que ocurrió en aquella calurosa tarde de julio la joven estudiosa se convertiría en docente universitaria y su fama se extendería más allá de las fronteras italianas.

En cualquier caso, Angela Nuovo mantiene la calma y hace lo que se espera de un estudioso: «Miré el Corán con atención y tomé notas: había que escribir un artículo enseguida». Los descubrimientos también hay que reivindicarlos, para que la paternidad sea reconocida. «Todas sus características remitían a la primera mitad del XVI. Incluso sin saber de Albonesi, habría sido imposible que aquel libro se hubiera impreso en el XVII o el XVIII.»

La joven estudiosa vuelve a Milán, y de nuevo a Venecia para analizar meticulosamente «su» Corán. Lo fotografía, porque no basta con hablar de él, hay que publicar las imágenes, exhibir las pruebas. Existe el peligro real, si la noticia se filtra, de que alguien actúe para quitarle el mérito a quien efectuó el descubrimiento. «Llamé inmediatamente a Luigi Balsamo por teléfono, el director de la revista especializada *La Bibliofilìa* para que guardara unas páginas en el número de septiembre y publicar así enseguida los resultados del descubrimiento», observa Montecchi.

Llegados a este punto, era necesario pensar en custodiar el volumen. «Mientras que nadie sabía qué era, no tenía valor, pero una vez conocido se convertiría en preciosísimo», observa el docente.

La difusión de la noticia del descubrimiento y la explosión de las envidias académicas ocurren al mismo tiempo. Angela Nuovo se convierte en objeto de episodios poco cordiales que no le gusta recordar; es el propio Giorgio Montecchi quien comenta susurrando: «El mundo académico es machista». La profesora Nuovo prefiere en cambio subrayar quién la felicitó, como el arabista italiano más importante de todos los tiempos, Francesco Gabrieli, presidente de la Accademia dei Lincei en Roma, que le escribió una carta. O Giorgio Vercellin, ya desaparecido, docente de lengua y literatura afgana en Venecia, que había buscado aquel Corán durante años y había sido el primero en intuir que para encontrarlo había que unir las competencias de arabistas y bibliotecarios. Vercellin en aquella época casi no tenía alumnos porque Afganistán había sido ocupado por las tropas soviéticas y nadie se aventuraba a estudiar lengua y literatura persa; de ahí que pudiera ocuparse de otro tipo de estudios, y encontrar el Corán perdido se convirtió casi en su obsesión.

El descubrimiento tiene una gran repercusión en el mundo académico de la bibliografía y de los estudios árabes, pero más en el extranjero que en Italia. Angela Nuovo viaja a París, al Institut du Monde Arabe, inaugurado desde hacía poco por el entonces presidente François Mitterrand. En el lapso de unos pocos meses la invitan todos los institutos de estudios árabes y todas las publicaciones la citan. Los medios de comunicación italianos, en cambio, dedican poco espacio al descubrimiento, a pesar de que el episodio pueda ser reivindicado como una gloria nacional: el primer Corán se imprimió en Italia, se conservó en Italia y había sido reencontrado por una italiana. Si hubiera ocurrido en otro país, habría sido distinto, pero ya es mucho que se ocupen del hecho un semanario católico, *Famiglia Cristiana*, siempre atento al diálogo interreligioso, con una breve nota publicada en junio de 1988, y un diario, *Il Giornale*, con un artículo de un docente de urbanística, Sergio Noja, que colabora con la página cultural, el 3 de marzo de 1989, casi dos años después del descubrimiento. «El primer Corán en árabe, una empresa que honestamente hay que considerar soberbia», subraya.[2]

Como afirma Giorgio Montecchi,

el descubrimiento del Corán ha despertado poco interés en Occidente fuera del ámbito bibliográfico. No ha figurado entre los elementos de conocimiento general, como la Biblia de Gutenberg o las ediciones de Aldo Manuzio. Que el primer Corán haya sido impreso en Venecia no lo sabe casi nadie. Sin embargo, se trata del nivel más alto alcanzado por la tipografía veneciana.

Desde aquel momento, la primera edición del Corán se convierte en una especie de estrella entre los estudiosos, exhibida en exposiciones y en objeto de ponencias en congresos. En 2008 llega a Venecia también un equipo de la BBC para grabar un documental. La repercusión en los países islámicos es amplia. En Túnez se publica una traducción en árabe del artículo de Angela Nuovo, hay contactos con la Aga Khan Foundation y con una universidad de Arabia Saudí. Pero, a veces, estos contactos no llevan a nada. «En el mundo islámico el hecho de que el descubrimiento haya sido efectuado por una mujer resulta difícil de gestionar», observa la profesora Nuovo. De vez en cuando hay alguien que llega desde un país árabe para ver el ejemplar. En el registro de los accesos a la biblioteca de San Francesco della Vigna se observa la reciente firma de un jeque de Omán, y con anterioridad había ido a verlo un miembro de la casa real de Arabia Saudí.

Hoy el padre Rino Sgarbossa custodia el primer Corán impreso. Desde 2008 el libro ha abandonado el viejo convento de San Michele para ir a descansar en la novísima biblioteca franciscana de San Francesco della Vigna; lugar que custodia también otro libro notable: la tercera edición (1525) de la Biblia hebrea «manual», es decir, sin comentarios. Un convento cristiano que protege un tesoro del islam y otro del hebraísmo, a una distancia física de una decena de metros, en el único sitio donde en los siglos pasados las tres religiones podían encontrarse sin derramamientos de sangre: Venecia. No es una coincidencia.

La iglesia de San Francesco es una de las más importantes en una ciudad llena de iglesias importantes; fue proyectada por

Sansovino, la fachada es de Andrea Palladio y en el interior hay una *Sacra conversazione* de Giovanni Bellini. Pero es también una de las menos visitadas, porque está fuera de los recorridos turísticos tradicionales. La biblioteca estaba ubicada en el cercano convento y ahora se encuentra en una estructura reformada. Desde las ventanas del primer piso la mirada abarca el huerto del convento, el viñedo, la laguna y los muros de la isla de San Michele. El recorrido que el Corán ha tenido que recorrer no ha sido largo. Los viñedos en Venecia son tan raros casi como una primera edición. Los hermanos del Redentor tienen uno, pero su convento se encuentra en la isla de Giudecca. Que en San Francesco della Vigna hubiera viñedos desde hace tiempo lo testimonia su propio nombre, aunque lo raro es que todavía haya y que nadie los haya arrancado para construir edificios en su lugar. Como se puede apreciar, esta es una historia de muchas supervivencias casuales. Lo cierto es que los frailes tienen el rarísimo privilegio de beber durante unos meses al año su vino veneciano.

El hermano Rino es un franciscano moderno; por supuesto lleva sandalias, pero con planta anatómica y cierres con velcro; viste de negro, pero con polo y pantalones cortos con bolsillos a los lados. Ha sido él quien ha sacado el Corán de la estantería y lo ha entregado al visitante. El libro se encuentra en una caja de cartón que lo protege de la luz y del polvo (en San Michele, cuando era un libro desconocido, permanecía de pie en el estante, entre los demás volúmenes). No es grande, tiene el formato de una hoja A4, más o menos. La encuadernación, en sencillo pergamino liso, parece del siglo XVIII y las hojas han sido probablemente cortadas para que tuvieran las mismas dimensiones, empequeñeciendo así el marco que, quizá, en las intenciones de Alessandro Paganini debía albergar ricas miniaturas decoradas. *Alcoranus arabicus sine anno* está escrito en latín en el lomo. «Rari-A V.22» indica su ubicación. En el interior alguien ha marcado a lápiz, con trazo ligero, el número de páginas: 464. «Es un libro hermoso», explica Angela Nuovo. En efecto, al mirarlo, solo se puede confirmar: papel muy espeso, caracteres muy nítidos, sin manchas, líneas rectas. La conservación también es óptima, hay rastros de humedad solo en las páginas exteriores, pero el interior está en perfectas condiciones: ningún signo, ninguna mancha, parece salido de la imprenta unos días antes. De vez en cuando, con tinte color sepia, aparecen las anotaciones escritas a mano por Teseo degli Albonesi, el hombre a quien le debemos semejante tesoro. Un hijo del Renacimiento que sin saberlo ha salvado para la edad contemporánea un libro que es también símbolo de cómo las religiones pueden dialogar, si quieren, y no solo odiarse.

La historia del libro sagrado del islam impreso en Venecia consiste finalmente en el intento fallido de empezar un negocio aparentemente absurdo, pero precisamente por eso potencialmente colosal. Que aquella conservada en San Francesco della Vigna sea la única copia superviviente de una edición perdida, como afirma Angela Nuovo, o el borrador de un libro nunca nacido, como defiende el egipcio Mahmoud Salem Elsheikh, docente de estudios árabes en Florencia, poco cambia: un editor veneciano había decidido imprimir el Corán y difundirlo en territorios otomanos. Si le hubiera ido bien, se habría hecho rico, muy rico; en cambio, le fue mal y fracasó: desde 1538, año de publicación del Corán, Alessandro Paganini cierra su imprenta citando las elegantes palabras de Angela Nuovo:

La historia de este Corán árabe es la historia toda veneciana de un ambiente productivo, el tipográfico, genial, fuertemente dinámico en cuanto gobernado por una competencia desenfrenada [...]. Baste con pensar qué negocio colosal representaba un público de numerosísimos y profundamente religiosos lectores potenciales. Y se explica por qué esta empresa podía ser realizada solo en Venecia, por su posición y por su historia.[3]

En cualquier caso, el fracaso de Paganini es tan flagrante que nadie más —ni en Venecia ni en otros lugares— pensará en publicar el Corán. Lo ocurrido no se menciona en las correspondencias entre tipógrafos que nos han llegado, y no será hasta muchas décadas después, a finales del siglo XVI, cuando las tipografías de los Médici, en Florencia, imprimirán nuevamente en árabe, aunque en este caso se tratará de una operación completamente distinta, incluso financiada por la Iglesia. De las prensas de los Médici saldrán los Evangelios destinados a los cristianos de lengua árabe.

La idea de que los pueblos orientales constituían un mercado virgen potencialmente ilimitado ya tenía que habérsele ocurrido a alguien más en Venecia, pues en 1498 un tal Democrito Terracina pidió una concesión de veinticinco años para imprimir obras «en lengua árabe, siria, armenia, indiana y bárbara».[4] Sin embargo no puso en práctica su proyecto y acabará por no imprimir nada; sus hijos renovarán la concesión, aunque tampoco la utilizarán. El plazo estaba establecido para 1538, precisamente el año de publicación de nuestro Corán. Los tipógrafos venecianos están acostumbrados, en cualquier caso, a aventurarse con alfabetos decididamente exóticos, considerando que en 1515 Giorgio Rusconi publica un misal en cirílico destinado a los ortodoxos de los alrededores de Ragusa, Dubrovnik hoy en día, que es una ciudad católica. Su hija Daria se casa con Alessandro Paganini, y probablemente le transmitiera los conocimientos técnicos necesarios para realizar trabajos difíciles. Pero publicar libros en cirílico —o en armenio, glagolítico o griego— es una tarea irrisoria en comparación con el esfuerzo necesario para realizar tipos en árabe. «La impresión en caracteres árabes presentaba problemas muy superiores a la de caracteres cirílicos [...] y esto precisamente a causa de la naturaleza cursiva de la escritura árabe [...]. El árabe suponía grandes dificultades en la unión de las letras que presentan formas distintas según su posición y ligadura.»[5]

Las primeras palabras árabes aparecidas en un libro impreso son las que Bernhard von Breydenbach inserta en su *Peregrinatio in Terram Sanctam*, publicado en Maguncia en 1486, y Aldo Manuzio en 1499 en el *Polífilo*. Pero en ambos casos se trata de entalladuras xilográficas, no de tipos móviles. El primer texto tipográfico en árabe sale de la imprenta quince años después, en 1514; se trata del *Kitab salat al-sawa'i* o *Horologium breve*, un libro sagrado destinado a las poblaciones cristianas de Oriente Medio. La impresión se realiza en Fano, en la región de Las Marcas, en territorio del estado pontificio, probablemente para eludir el privilegio de Terracina y herederos que impedía utilizar este tipo de carácter en las fronteras de la Serenísima. El tipógrafo que imprime el *Horologium*, Gregorio de' Gregori, tiene un socio veneciano: Paganino Paganini.

Es del todo evidente, pues, que el establecimiento tipográfico de los Paganini ya se ha creado una red de contactos que les permitirá enfrentarse a la empresa del Corán. «La desfachatez de un proyecto parecido sorprende aún hoy. Parece haber sido parido por una mentalidad totalmente emprendedora y acostumbrada al riesgo hasta el punto de rozar la extravagancia.»[6] A todo esto se le añade, como ya se ha mencionado, que los Paganini disponen de la materia prima, en cuanto «producían y vendían papel, el preciadísimo papel de Toscolano, en el Lago de Garda, muy solicitado por el mercado árabe-turco, y eran capaces de comercializar también papel impreso junto al blanco, sin costes añadidos».[7]

El capital utilizado tiene que ser necesariamente muy elevado; la creación de los tipos dura probablemente años y habrán participado al menos un compositor y un corrector árabes, que seguramente no faltaban en Venecia. Además, como ya se ha precisado, se trata de un libro de gran calidad, impreso en papel valioso y con caracteres ejecutados con grabaciones refinadas. Precisamente la magnitud de la inversión le hace suponer a Elsheikh que hubiera tenido que haber un comprador, aún desconocido. En cualquier caso, de la tipografía de Paganini salen las 232 hojas impresas en árabe, que caen en manos del primer dueño del volumen, Albonesi. Es muy probable que el Corán le sirviera para sus estudios; se puede suponer que lo consiguiera durante un viaje a Venecia —o que se lo hizo enviar— una vez que tuvo noticia de que un tipógrafo lo estaba imprimiendo. Lo cierto es que su ejemplar era el único en Europa. No obstante, es posible que sobrevivan copias dispersas en alguna biblioteca de los países islámicos, aunque las investigaciones hasta ahora no han llevado a conclusión alguna. Gracias a Albonesi podemos identificar y fechar este ejemplar del Corán: es él quien nos permite atribuir su publicación a Alessandro Paganini, explicando que, tiempo después, por encargo del tipógrafo parisino Guillaume Postel, quiso comprar los tipos utilizados para imprimir el libro, pero el negocio no se pudo concluir porque aquellos tipos estaban perdidos. Y es Postel quien nos indica el lugar y fecha de edición, escribiendo en una carta al orientalista flamenco Andrea Maes, el 4 de marzo de 1568, que el Corán había sido publicado treinta años antes en Venecia. Angela Nuovo ha establecido que la publicación tuvo lugar entre el 9 de agosto de 1537 y el 9 de agosto de 1538. Este último también fue el año de la muerte de Paganino Paganini y el del cese de las actividades tipográficas de su hijo Alessandro.

Lo que le ocurrió a aquel Corán es todavía un misterio, solo se pueden formular hipótesis. «La edición estaba perdida ya en el siglo XVII y ningún catálogo, antiguo o moderno, conserva memoria de ella.»[8] Una fuente alemana de la segunda mitad del siglo XVII, no verificable, afirma que tirada y tipos habían sido enviados en barco a Constantinopla. En efecto, era una práctica común que los tipógrafos intentaran abrir imprentas en ciudades donde no había y que trataran de conquistar los favores del soberano local homenajeándole con ricos volúmenes, mostrándole los libros ya publicados y exhibiendo su capacidad de producir un elevado número de ejemplares. A cambio de la disposición a instalarse en el lugar elegido, los impresores pedían la concesión del privilegio, que los soberanos, por otro lado, otorgaban de buena gana porque la producción de libros era una actividad prestigiosa, capaz de aportar beneficios a la imagen y a la economía del territorio que gobernaban. Es posible, pues, que los Paganini pensaran en replicar a gran escala lo que sus colegas habían hecho en pequeña en los varios estados en los que Italia estaba repartida. Pero los cálculos se revelaron clamorosamente equivocados. El fracaso fue total e inapelable; el sultán, siempre según la tardía fuente alemana, consideró el libro obra del demonio, una blasfemia de los infieles, y ordenó que el barco con los tipos y las copias fuera remolcado fuera del puerto y hundido en aguas profundas.

Verdadera o no esta versión, lo cierto es que con la salida de Alessandro Paganini de la escena editorial veneciana se pierde el rastro de este libro. En 1620 Thomas van Erpe (Thomas Erpenius, orientalista holandés), en la obra *Rudimenta linguae arabicae*, escribe acerca de un Corán publicado en Venecia alrededor de 1530, cuyos ejemplares han sido todos quemados.[9] No sorprende que en plena Contrarreforma —y por tanto en la época en que se quemaban libros— un protestante le atribuya al fuego papal la desaparición del Corán. Pero no fue así. El sello del vicario del Santo Oficio desmiente esta hipótesis, sin contar que la Iglesia no habría tenido ninguna razón para temer un libro que nadie podía leer.

> Ni a un moderno historiador del libro puede escapársele la absurdidad de la tesis relativa a la destrucción pontificia del libro, en caso de que considere que en 1547 se imprimió en Venecia por obra de Andrea Arrivabene una vulgarización del Corán que ningún papa mandó destruir (no obstante el mayor peligro representado por un texto que todos podían entender) y del cual aún hoy se conservan numerosos ejemplares.[10]

Se trataba de «una obra cuya difusión no tuvo que ser marginal si se encontraron ejemplares en Europa y en Japón».[11] Además, en Basilea, en 1543, había aparecido una edición en latín del Corán.

Sin embargo, la leyenda persiste y en 1692 el historiador alemán Wilhelm Ernst Tentzel, nacido en Greussen, Turingia, defiende la tesis de la hoguera pontificia afirmando que Dios no permitía imprimir el Corán en árabe y cualquiera que se atreviera a hacerlo desaparecería prematuramente (apoyado por el hecho de que Paganini sénior, aunque no murió enseguida, sí pasó a mejor vida inmediatamente después de haber publicado la obra). Las mentiras repetidas a menudo se convierten en verdad: los protestantes insisten tanto con el tema de la quema del Corán que también los católicos acaban por defender la misma tesis. A principios del siglo XIX un estudioso de Parma, Giovanni Bernardo De Rossi, se ocupa del misterio, retomado a finales de siglo por el historiador escocés Horatio Brown («un Corán en árabe publicado por Paganini en 1530»),[12] y luego solo hay silencio hasta 1941, cuando el arqueólogo y orientalista Ugo

LOS PRIMEROS EDITORES

Monneret de Villard declara «la destrucción por orden del papa totalmente falta de documentos de apoyo y, por tanto, poco fiable».[13] Solo tres años antes del afortunado y azaroso descubrimiento un especialista en imprenta árabe, Geoffrey Roper, habla del «misterioso Corán de Venecia del cual no sobrevive ni una copia»[14] y, como ya se ha dicho, también había quien negaba que aquel Corán hubiera existido de verdad.

Ahora volvamos a los Paganini y al Corán. Parece bastante claro que la suya es una operación comercial y no cultural, que pensaron en la exportación destinada a «los pueblos de religión islámica que aún no poseían la imprenta tipográfica»;[15] si se hubieran dirigido al mercado, por otra parte escasísimo, de los orientalistas europeos, habrían impreso una edición políglota, como se estilaba entonces. En cambio, su libro no tiene impresa una sola palabra que no sea en árabe, y en este sentido se distingue de forma clara de los demás libros impresos en aquel periodo con caracteres árabes, cuyos destinatarios «permanecían absolutamente dentro del mercado cristiano y europeo. Es más, no había ninguna intención de exportarlos hacia tierras donde el árabe estaba difundido. Ni obviamente se puede pensar en clientes musulmanes presentes en Europa».[16]

«El Corán, en fin, no desapareció; simplemente nunca circuló en Europa»,[17] o, según la hipótesis que defiende Elsheikh, nunca fue impreso y se quedó en forma de borrador. Giorgio Vercellin, islamista desaparecido en 2007, también parece inclinarse hacia la tesis del libro perdido, definiéndolo como «espléndido *in folio*, milagrosamente sobrevivido a una suerte aún no acertada que ha visto desaparecer todas las demás copias impresas».[18] En cualquier caso, lo que los Paganini no entienden es que su empresa comercial nunca habría podido tener buenos resultados porque era demasiado precoz; en aquella época el binomio Corán-copista era inseparable. El libro sagrado del islam tenía que ser escrito a mano por un experto escriba musulmán que respondiera personalmente de los eventuales errores al copiar; «bastaba con un error para arriesgarse a ser decapitado», confirma Elsheikh. Es cierto que las hojas de la edición del Corán de los Paganini tienen un amplio marco blanco, con toda probabilidad destinado a ser decorado a mano, pero también es cierto que «los musulmanes demostraron entonces y después —hasta el siglo XVIII— la aversión más grande hacia la imprenta [...]. La escritura a mano para los árabes era vehículo de unidad cultural, como de artístico y espiritual sentido estético».[19] Por tanto, la imprenta de tipos móviles estandarizaba «de manera insoportable la fluidez armoniosa de la escritura a mano»,[20] que es una forma del arte religioso: el árabe clásico para los islámicos es la lengua de Dios.

Los caracteres árabes no se imprimen por primera vez en el mundo islámico hasta 1706. «Sin embargo, una vez más, esta innovación técnica fue obra de alguien ajeno a la religión musulmana que publicó textos no musulmanes. De hecho, aquel año, el patriarca melquita de Antioquía, Atanasio III, los utilizó para imprimir obras devotas cristianas.»[21] Habrá que esperar un par de décadas más, hasta 1727, para que el sultán otomano Ahmed III autorice la imprenta en árabe, aunque excluyendo explícitamente los textos sagrados. De las prensas salen gramáticas y textos de historia y geografía; Ibrahim Müteferriqa publica en Constantinopla un diccionario árabe-turco en dos volúmenes.

El otro aspecto que vuelve insoportable a los ojos de los musulmanes el Corán impreso por Alessandro Paganini es el elevadísimo número de errores. Hemos visto que una sola imprecisión podía costarle la vida al escriba; aquí estamos en presencia de un volumen donde parece difícil identificar una sola página impresa correctamente. «No hay una palabra sin errores —subraya Elsheikh—, la distinción entre las formas parecidas de la lengua árabe está completamente ignorada. El compositor no reconoce las letras del alfabeto.» Compositor que habría tenido que haber copiado las palabras de un original, aún sin identificar, que necesariamente no debía contener errores.

Angela Nuovo destaca que a una inversión técnica tan elevada no correspondió un cuidadoso control del texto y menciona la opinión de algunos arabistas que lo han leído, según los cuales en el texto se identificarían errores típicos de hebreos que hablan árabe. Los Paganini, por tanto, habrían buscado compositores y correctores en el muy activo mundo editorial hebreo de la época y no en la comunidad musulmana, presente y activa en Venecia desde siempre. Elsheikh no está de acuerdo: «Ni siquiera se puede suponer. En Venecia había tantos árabes como se quisiera, la ciudad está llena de hermosos ejemplares manuscritos del Corán». ¿Y entonces? En el Corán de 1538 no hay solamente errores que podríamos definir de ortografía (por ejemplo, una letra que tendría que escribirse con tres puntos y en cambio está escrita con dos), también hay errores que constituyen verdaderas blasfemias, como la omisión del nombre de Dios. «Ciertamente ha faltado la presencia de copistas y escritores —afirma Angela Nuovo—, como en cambio ocurrió con los griegos cercanos a Aldo Manuzio; en este caso se las han arreglado un poco con lo que había.»

Lo que le hace considerar a Mahmoud Salem Elsheikh que el ejemplar del Corán conservado en Venecia es una prueba y no una copia sobrevivida de una tirada más amplia es la presencia de un error solamente en una de dos páginas repetidas. A ver si lo entendemos mejor. Cualquier edición del Corán se abre de la misma forma: la primera página es una portadilla y en la segunda empieza el texto con los cuatro versículos de la así llamada «Sura de la Vaca»; siguen las otras suras hasta un total de 114, pero Albonesi en este caso cuenta 115. No es que haya una sura de más, simplemente la última hoja del libro impreso por Paganini repite la segunda, es decir, la Sura de la Vaca (en fin, el Corán impreso en Venecia tiene una página de más). En la primera Sura de la Vaca hay un error que en la segunda ha sido corregido, pero en esta última página hay otro error que no se encuentra en la primera; esto probaría —según Elsheikh— que existía otro modelo de impresión de la misma página para la corrección. «Está claro que alguien lo intentó —observa el docente egipcio—, no se sabe si la operación fue bloqueada por el comprador, por el consejero, o por la falta de dinero; en cualquier caso, la impresión del libro se detuvo porque el borrador está lleno de errores.»

También alrededor de los tipos el misterio es total: quién los preparó, quién los fundió, dónde acabaron, si se usaron los tipos utilizados en 1516 por Agostino Giustiniani para imprimir en Génova el *Salterio*, una Biblia políglota en cinco idiomas distintos (árabe, hebreo, latín, griego y arameo). Lo único cierto es que nadie más en Venecia usará caracteres árabes durante varias décadas. «El Corán de 1538 es importante desde el punto de vista filológico. Por lo demás, se trata de una operación comercial pura y dura, como hubo muchas. Desde el punto de vista religioso, no tiene valor alguno», precisa Elsheikh.

Precisamente, que tenga razón la descubridora del Corán, o que esté en lo cierto el profesor árabe, lo que importa es que los Paganini exploraron las fronteras. El fracaso de la operación marca el límite de la expansión comercial del mercado editorial veneciano. Los libros impresos en Venecia que han conquistado Alemania, Gran Bretaña, que han llegado a los Balcanes, se detienen en los confines de la Puerta Sublime y del mundo islámico. «La conclusión negativa de la empresa marca el límite *non plus ultra* de la expansión tipográfica de la Serenísima en Oriente Medio, precisamente en los mismos años en los que pierde definitivamente la primacía en el mercado internacional del libro de alta cultura.»[22]

5
ARMENIOS Y GRIEGOS

Lo único cierto es que se llamaba Yakob y que imprimió el primer libro en armenio en 1512. Y habrá que esperar ciento veintiséis años, hasta 1638, para el primer libro armenio impreso en Oriente, en Nueva Julfa, un barrio de Isfahán, en Persia, y doscientos sesenta, hasta 1772, para la aparición de un libro armenio en la actual Armenia, salido de la imprenta de Edjmiatzin, sede del catholicós de todos los armenios (en aquel tiempo se trataba de Simeón de Ereván).

Todo lo demás es una gran incógnita. Ni siquiera el apellido de Yakob es una certeza; aquel Melapart puesto en sus libros podría ser indicativo de la familia, pero también podría ser un simple adjetivo, considerando que significa «pecador». Algo así: Yo, Santiago, pecador, publico este libro, etcétera. Es un misterio cuándo llega a Venecia, qué hace, dónde vive, dónde está su imprenta, de dónde proceden los tipos que usó para imprimir, qué significa la oscura sigla con la que sus libros están firmados (DIZA), al menos con respecto a la primera letra, admitiendo que se acepten las interpretaciones según las cuales las restantes letras representarían «las iniciales del famoso grabador e impresor Zuan Andrea»[1] y la *i* significaría «Iacobus», es decir, Yakob en latín.

Y todavía queda otro enigma por resolver: dónde acabó este hombre que imprimió cinco libros «para después desaparecer misteriosamente en la nada».[2] Asimismo sería interesante averiguar qué ocurrió entre el último libro de Yakob, publicado en 1514, y el siguiente, el calendario perpetuo que Abgar Dpir imprimió en 1565. ¿Es posible que en cincuenta años no se publi-

cara ningún libro en armenio en una ciudad donde los armenios eran una presencia fundamental? Podría ser, aunque
parece improbable, «sobre todo porque se trata de un periodo
de tiempo altamente productivo para la imprenta veneciana».[3]
Es más plausible que las ediciones impresas en aquellas décadas
hayan desaparecido, o que esperen a ser reencontradas en quién
sabe qué biblioteca. Por otro lado, también la primera obra de
Yakob, el *Libro de los viernes* (*Urbat'agirk'*), reapareció solo después de 1889, cuando un estudioso armenio-veneciano, el padre lazarista Ghevond Ališan, una de las figuras más importantes de la reciente historia cultural armenia, consideró como
primero el que en realidad se revelaría ser solamente el tercer
libro en armenio publicado.

Lo cierto es que el volumen de Yakob alcanzó en sus tiempos
gran popularidad. De no ser así, no habría podido generar una
leyenda propia. No es un texto religioso, sino una especie de colección de pensamientos propiciatorios, donde el editor reúne
«una serie de plegarias y textos mágicos para prevenir enfermedades e incidentes».[4] Esto lo volvía muy útil para las flotas
de mercaderes armenios que se dirigían hacia Venecia siguiendo la ruta habitual por Dalmacia. Las costas orientales del Adriático, llenas de ensenadas y miles de islas, ofrecían un refugio seguro en caso de tempestad, y también un cómodo escondite
contra los piratas. Y, de hecho, los buenos mercaderes armenios
que en Esmirna (Izmir) habían embarcado una carga preciosa de
balas de seda y colorantes, avistaron una flota de veinte veloces
barcos piratas. Es viernes, día infausto, para nada capaz de proteger de la mala suerte, y en el cielo claro resplandece un sol lu-
minoso. Los mercaderes ya se ven pobres, si no incluso muertos
a manos de los piratas dálmatas (en el Adriático había dos importantes comunidades de saqueadores en aquella época, ambas en la actual Croacia: en la desembocadura del río Neretva y

en la ciudad de Senj, desde donde actuaban los uscoques). ¿Qué hacer? Tres mercaderes piensan que la mala suerte del viernes pueda ser vencida eficazmente gracias al *Libro de los viernes*, así que lo abren y empiezan a leerlo en voz alta. No podían haber tenido mejor intuición: la salvación llega en forma de una densa nube de niebla que lo envuelve todo y los barcos mercantiles escapan a la vista de los piratas. El jefe de la flota, un tal Caspar, aprovecha enseguida para avanzar hacia Italia, donde los saqueadores nunca hubieran osado llegar. Honor y gloria, pues, al *Libro de los viernes*.[5] Un volumen único en su género, que se revela eficaz incluso para huir de unos piratas dálmatas.

Los armenios vivían en Venecia desde hacía siglos (y todavía lo hacen, como veremos). La historia hasta registra a una dogaresa armenia, Maria Argyros, princesa bizantina de estirpe imperial, sobrina de Basilio II el Bulgaróctono. La mujer, en 1003, se casa con Giovanni Orseolo, quien al año siguiente se convierte en segundo dogo.[6] Dos siglos y medio más tarde, en 1253, Marco Ziani, nieto del dogo Sebastiano, deja en su testamento una suma destinada a la fundación de una casa armenia en uno de los palacios propiedad de su familia. El mismo dogo Sebastiano había vivido durante mucho tiempo en el reino de Armenia (que no corresponde al territorio de la actual exrepública soviética de Armenia, sino a Cilicia, siria durante mucho tiempo y ahora en Turquía).[7] Dice la leyenda que la tipografía de Yakob se encontraba precisamente en Ca' Ziani, esto es, en el palacio de la parroquia de San Lorenzo que hospedó la cuestura de Venecia (hoy convertido en sede de una comisaría). Los intercambios diplomáticos eran frecuentes; sabemos por ejemplo que Manuel, embajador del rey armenio Sembat, vivió en la laguna entre 1297 y 1298, mientras los *bàili* (embajadores) venecianos lo hicieron en Cilicia, desde Marino Badoer en 1282 hasta Marino Grimani en 1334. No es casual que el trasiego fuera tan intenso en aquellos años, precisamente porque en Oriente Medio estaba ocurriendo algo fundamental: la proclamación del Imperio Otomano en 1299.

La casa armenia (*hay dun*) se encuentra a dos pasos de la Plaza de San Marcos, en San Zulian, al pie del Puente dei Ferali («faroles» o «linternas» en veneciano), en la esquina de la Calle degli Armeni (a lo largo de los siglos curiosamente la toponimia se ha invertido; en el siglo XVI el puente se llamaba «de los armenios» y la calle «de los faroles»). El área es aún hoy claramente identificable: si se sale de la Plaza de San Marcos, se pasa por debajo de la torre del reloj y se entra por la calle Mercerie de San Zulian, al fondo a la izquierda encontramos el Puente dei Ferali: el edificio a la derecha, con la Trattoria Anima Bella en los bajos, es la vieja casa armenia. Tras recorrer un breve tramo de la calle Fiubera, a la derecha se abre otra calle, la de los armenios. Al fondo, muy poco visible, engastada entre los edificios que la rodean, se encuentra la iglesia de Santa Croce degli Armeni. El templo actual se construyó entre 1682 y 1688, pero su fundación se remonta como mínimo al siglo XIII; se trata de la iglesia más antigua de la diáspora, desde el XVIII a cargo de los padres católicos lazaristas. Toda el área debía de estar profundamente impregnada por la presencia armenia considerando que algunos documentos hablan de un tal Petros que en su tienda vendía *mezè* (hoy se llamaría *finger food*), bocaditos que abren el apetito (pescado frito, pipas de calabaza, marisco hervido),[8] y quién sabe si no se originaron precisamente en estas tiendas armenias lo que los venecianos llaman hoy *cicheti*, los bocaditos que siempre acompañan *l'ombra*, el vaso de vino. En cualquier caso, la presencia armenia no se limitaba a esta zona de la ciudad si tenemos en cuenta que en 1348 (el año de la peste negra que exterminó al menos a la mitad de la población europea) un legado testamentario asigna cinco ducados a los frailes armenios de la iglesia de San Giovanni Elemosinaro, en Rialto.

El cambio llega en 1375, con la caída del reino de Cilicia y del soberano León V, cuando numerosos armenios llegan a Venecia, tierra de asilo y libertad.[9] Incluso el título, aunque ya solo teórico, de rey de Armenia transita de algún modo por Venecia, a través de Caterina Corner (más conocida en la versión Cornaro), reina de Chipre y de Armenia desde 1473 hasta 1489, esto es, desde la muerte del marido Giacomo II Lusignano hasta el momento en que abdica en favor de la Serenísima. Hoy se benefician de estos títulos los Saboya, rama de los Lusignano, pero en cualquier caso están esculpidos en mármol blanco en la tumba de la reina Corner, en el interior de la iglesia de San Salvador, entre Rialto y San Marcos.

Una calle veneciana, en la zona de Santa Maria Formosa, testimonia también hoy cuán difundida era la presencia armenia en la laguna. Se trata de Ruga Giuffa; su nombre se debe precisamente al hecho de que la mayoría de los armenios de Venecia procedían de Nueva Julfa, el pueblo de Isfahán ya mencionado. A su vez, los armenios de esta localidad eran originarios de Julfa, hoy Culfa, en Nakhichevan, en la frontera con Irán. Una zona lacerada por el conflicto entre armenios y azeríes, donde entre 1998 y 2006 el cementerio medieval armenio fue borrado de la faz de la tierra (las sucesivas fases de la destrucción fueron documentadas con fotos tomadas desde la parte iraní de la frontera), hasta el punto de que el gobierno de Bakú ahora puede incluso negar la existencia de un cementerio armenio en Julfa y que hubo armenios viviendo en la ciudad.

No sería una panorámica acerca de la presencia armenia en Venecia sin citar a un personaje que nada tiene que ver con los libros, pero mucho con la historia de la república y, en definitiva, de las relaciones entre la Europa cristiana y el Oriente islámico. Ocurre raramente que la suerte de una batalla esté ligada a las intuiciones y capacidades de un único individuo, sobre todo si no se trata de un condotiero, como César o Napoleón. Sin embargo, la Batalla de Lepanto, sin la aportación de Antonio Suriàn, llamado el Armenio, habría podido tener un resultado distinto. A mediados del siglo XVI Suriàn llega desde Siria (de ahí su apellido) a una Venecia que se calcula que tuvo en el mar 3.400 barcos mercantiles, construidos en los astilleros privados, y donde las embarcaciones militares se producen en el Arsenal, el primer complejo industrial del mundo. Se trata de las galeras, es decir, unidades a propulsión mixta: velas y remos, con sus variantes más pequeñas (fustas) y más grandes (galeazas). En el *arzanà de' viniziani* (arsenal de los venecianos), como lo define Dante Alighieri en el canto XXI del *Infierno*, trabajan directa e indirectamente de 5.000 a 6.000 personas, y en los periodos de crisis, como en la vigilia de la batalla de Lepanto, el astillero consigue que zarpe una embarcación al día. La Venecia de aquel tiempo es una ciudad de inmigrantes —ya hemos visto el papel de los alemanes en la difusión de la imprenta—, e incluso si hablaban lenguas difíciles y su color de piel era más oscuro, se les acogía por lo que sabían hacer. Antonio el Armenio es una especie de genio natural de la ingeniería naval y mecánica. En 1559, con tan solo veintinueve años, recupera con toda su carga un barco mercantil hundido en San Marcos, y en otra ocasión tres preciosos cañones de bronce del barco del noble Girolamo Contarini. Le apasionan las armas y se casa con Chiara, una vecina, hija de un armero del arsenal que fabricaba ballestas.

El 7 de octubre de 1571 en las aguas de las islas Curzolari, cerca del estrecho de Lepanto, en Grecia, se enfrentan las flotas cristianas y otomanas en la batalla naval más grande y sangrienta del Mediterráneo, antes de la que enfrentará a británicos y franco-españoles en Trafalgar, el 21 de octubre de 1805 (claramente, octubre se revela un mes propicio para los enfrentamientos en altamar). La coalición cristiana cuenta con 208 galeras (106 venecianas, 90 españolas, incluida la escuadra del genovés Gianandrea Doria, 12 pontificias), 80.000 hombres y 1.800 piezas de artillería. Los turcos cuentan con 222 galeras, 90.000 hombres y 750 cañones.[10] Desempeñan un papel decisivo las seis galeazas venecianas: muy altas —verdaderos fuertes flotantes— y por tanto poco expuestas a los ataques de las galeras turcas: se sitúan entre las dos formaciones y desarticulan el ataque otomano obligando a la flota del sultán a dividirse. Se revelan así decisivas para que el combate se decante a favor de los barcos al mando de don Juan de Austria.

> Antonio Suriàn, embarcado en la galeaza del comandante Francesco Duodo, ya había predispuesto en todas las unidades de ataque cañones de diverso calibre que él mismo había construido y posicionado de manera del todo revolucionaria, válida para un tiro preciso y rápido, que de hecho golpeó a los barcos turcos inexorablemente, sin fallar un golpe, sorprendiendo al enemigo [...]. Sin olvidar el hecho de que el mismo día el incansable ingeniero armenio había salvado del hundimiento la galeaza de Duodo, taponando de forma del todo improvisada brecha de agua.[11]

Pero eso no es todo: parece que el buen armenio inventó una medicación eficaz para curar a los heridos en la batalla. En el campo lo bautizan como «el Ingeniero» y muere en 1591, dejando seis hijos que trabajarán en el Arsenal durante décadas; hay rastros de la familia hasta 1655.[12]

El apellido Suriàn es bastante común en Venecia, testimoniando la difundida presencia de armenios de origen sirio. Una de estas familias será ennoblecida en 1648 (para financiar la

Guerra de Candia contra los turcos, la Señoría pone a la venta el acceso al Consejo Mayor, esto es, la adhesión al patriciado) y el hermoso palacio barroco que se asoma sobre el río de Cannaregio habitado por los Surián se convertirá en el siglo siguiente en sede de la embajada de Francia, donde trabajará de secretario durante unos años Jean-Jacques Rousseau.

En el siglo XVIII llegará a Venecia desde Modone, en el Peloponeso, el abad Mekhitar, tras huir ante la avanzada de los turcos; a él y a su comunidad religiosa la Serenísima Señoría les asigna la isla de San Lazzaro, aún hoy sede de la congregación y durante mucho tiempo de una importantísima tipografía (volveremos más adelante sobre esta historia). Para subrayar la constante presencia armenia en Venecia, baste con citar a Carlo Goldoni. En la decimosexta escena de su comedia *La familia del anticuario*, de 1749, Brighella le sugiere a Arlequín que se haga pasar por armenio para engañar al conde Anselmo Terrazzani. Evidentemente en aquellos tiempos era más común oír hablar armenio que inglés o alemán. Y precisamente un célebre inglés, lord Byron, en 1817 irá todos los días a San Lazzaro para recibir clases de lengua.

Todo esto sirve para entender mejor por qué, en 1512, la edición en armenio se inicia en Venecia y no en otro lugar. «Desde entonces se desarrolló paralela al antiguo "arte de la escritura" un "arte de la impresión" igualmente rico de espléndidos resultados.»[13] En comparación con los libros impresos en otras lenguas, los libros en armenio tienen una dificultad añadida para alcanzar su mercado natural: la distancia, «que hace el envío de las obras a Oriente costoso y a veces fatal a causa de los piratas bereberes»[14] (piratas norteafricanos, sobre todo tunecinos).

Del *Libro de los viernes* y de sus virtudes para contrarrestar la mala suerte ya hemos hablado. Yakob publica otras cuatro obras destinadas tanto al mercado interno, es decir, a los armenios residentes en Venecia, como a la exportación, a los armenios que viven en Oriente; obras todas ellas que se alejan completamente de la tendencia que pone en primer plano el clasicismo o el mundo religioso. Yakob imprime una literatura totalmente profana dirigida al público de mercaderes que se mueven entre el Adriático y el Mediterráneo oriental y que pueden, además de lectores, convertirse ellos mismos en promotores del libro. Gracias a su intuición, los armenios son «el primer pueblo oriental en utilizar el arte de Gutenberg»,[15] una nueva primacía que subrayar y adscribir a la excepcionalidad de la Venecia de la primera mitad del siglo XVI.

No se sabe cómo acabó Yakob, si sus tipos se utilizaron solamente para cinco títulos (más bien improbable) o se volvieron a utilizar después; ni siquiera se sabe si se publicaron en Venecia otros libros en armenio en los cincuenta años que separan su última obra, el *Talaran*, del *Tomar* de Abgar, en 1565. En el siglo XVI se registran 17 títulos en armenio: 8 en Venecia, 6 en Constantinopla y 3 en Roma. En la centuria siguiente se publicarán 160 títulos, la mayoría en Venecia. Desde 1512 hasta 1800 en la ciudad de la laguna se cuentan 19 tipografías pertenecientes a armenios y no que imprimen en armenio[16] y se publican «249 volúmenes de óptima calidad, tanto desde el punto de vista de los contenidos como desde el de la técnica de impresión».[17]

Dejaremos ahora al primer editor armenio del mundo a su misteriosa suerte, y saltaremos a la segunda mitad del siglo XVI, cuando la Contrarreforma se está difundiendo. Un consejo secreto de la Iglesia apostólica armenia, reunido en Sebaste (la misma ciudad donde nacerá el abad Mekhitar), decide enviar a Roma, donde reside el papa Pío IV, al noble Abgar Dpir, originario de Tokat, en Anatolia septentrional (Dpir significa «sacristán», y más que de un apellido se trata de un título). El objetivo de la misión diplomática es pedirle al sumo pontífice «una acción en defensa de los armenios sujetos a los musulmanes».[18]

Los enviados armenios arriban a Venecia en 1564 y la Señoría los recibe antes de que vayan a Roma. En la ciudad eterna el papa acoge a la delegación afectuosamente, pero ni se plantea ayudarles. La misión esencialmente fracasa y entonces «Abgar prefiere volver a Venecia y convertirse en tipógrafo-editor, usando tipos en armenio realizados en Roma con la autorización del pontífice y la recomendación de su sobrino Carlo Borromeo, que luego se convertirá en arzobispo de Milán».[19] La primera obra veneciana impresa por Abgar en 1565 es un calendario perpetuo; después publica un precioso salterio (libro de los salmos) de 272 páginas con hermosas xilografías, del cual han sobrevivido solo dos ejemplares (conservados en Venecia y en Milán). El segundo grabado muestra al mismo Abgar «arrodillado ante el dogo Girolamo Priuli. En la leyenda se lee: «Y al llegar al hermoso puerto de la ciudad capital que se llama Venecia, bajo el reino de Girolamo dogo hemos formado este nuevo libro».[20] El mérito de haber establecido en Venecia la primera tipografía armenia conocida es suyo (no es seguro si Yakob a principios de siglo imprimió en su propio taller o si utilizó las prensas de otro editor), «en un periodo en el cual el libro sagrado y de erudición impreso en la lengua nacional tenía que asumir una importancia decisiva para el futuro renacimiento del pueblo armenio».[21] En todo caso, Abgar Dpir se queda en Venecia solo un par de años; en 1567 traslada su actividad editorial a Constantinopla. En la capital otomana instala en el patio de una iglesia apostólica la primera imprenta de Levante, gracias a la cual publica «antes que nada una gramática armenia elemental».[22] Como se intuye, también para el libro en armenio, es fundamental la función didáctica en beneficio de poblaciones que constituyen minorías en territorio de otros. En Venecia la herencia de Dpir es recogida por Houhannes Terzentsi, que en 1587 publica un nuevo libro de salmos. La actividad editorial continúa durante todo el siglo XVII (es de 1681 el *Bargirk' Taliani*, un asombroso diccionario y manual de conversación veneciano-armenio, de carácter sobre todo comercial, con frases del tipo: «Atad y cread una bala o usted quiere un buen negocio, yo quiero vender caro», transliteradas en el alfabeto armenio) hasta experimentar un desarrollo vertiginoso en el siglo XVIII, cuando, siguiendo la estela de la actividad editorial del abad Mekhitar, se instala en 1779 en San Lazzaro la tipografía que, durante buena parte del siglo XX —hasta principios de los años noventa— será la imprenta armenia más importante del mundo.

Pasemos ahora al otro estreno mundial veneciano (que en realidad es veintiséis años anterior a la actividad de Yakob), esto es, el estreno oficial del libro en griego, con la *Batrachomyomachia* (La guerra entre las ranas y los ratones), que se publica en 1486 en el monasterio de San Pedro Mártir, en Murano. Se trata de un poema en hexámetros atribuido en época helenística y renacentista a Homero, mientras que hoy se considera obra de un poeta desconocido. Es este el primer libro enteramente en griego, aunque ya habían aparecido antes libros parcialmente impresos en este idioma, es decir, gramáticas generalmente bilingües, compuestas en helénico y en latín. La más célebre de estas gramáticas son los *Erotemata*, de Manuele Crisolora, publicados sin fecha, pero se considera que puedan haber sido impresos en 1471[23] por Adam de Ambergau. Era una verdadera moda, la del griego, que entusiasmaba a las clases cultas de la Italia renacentista, avalada por el clamoroso éxito editorial: «Desde 1500 en adelante, todas las gramáticas compuestas por los griegos se imprimirán varias veces, hecho que testimonia el interés de los humanistas italianos».[24]

También en lo que concierne a los griegos, como ya hemos visto con relación a hebreos y armenios, el estreno veneciano de la edición en sus lenguas se debe a la centenaria presencia en la laguna. Venecia mantiene con Grecia una relación especial que se remonta a los tiempos en que la futura Serenísima es solo un conjunto de islotes habitados por pescadores y salineros. No quiere mantener demasiados contactos con el sagrado Imperio romano que domina en tierra firme y decide desarrollarse como provincia bizantina. Los referentes de los venecianos no son el papa en Roma y el emperador en Aquisgrán, sino el basileus en Constantinopla y el exarca en Rávena. Lo cual se puede constatar simplemente contemplando las iglesias: la basílica de San Marcos no tiene nada que ver con las austeras catedrales románicas de Europa central, sino que es hija Santa Sofía, el gran templo de Constantinopla que resplandece por sus mosaicos dorados. En el siglo XIV se intensifican los ataques de los turcos contra los territorios bizantinos y los griegos buscan desesperadamente en Occidente un apoyo para contrarrestar la creciente marea otomana. El emperador Juan V Paleólogo viaja a Venecia en 1370; forma parte del séquito Demetrio Cidone (Dimityrios Kydonis), un culto diplomático que se encuentra entre los primeros en difundir la cultura griega en Europa. Cidone vuelve a la Serenísima en 1390 y de nuevo en 1394-1395, junto con Manuele Crisolora. Es él «el primer griego que llegó a Italia desde Bizancio para enseñar las letras griegas»[25] y un discípulo suyo, el veronés Guarino Guarini, que lo acompaña cuando vuelve a su patria, será «el primer italiano que viaja a Constantinopla para aprender griego».[26]

De su gramática hemos hablado, así como hemos mencionado el hecho de que en la Venecia del siglo XV se desata una especie de moda del griego, alimentada por los humanistas Leonardo Giustinian y Francesco Barbaro. Este, en 1416, invita a la ciudad a Jorge de Trebisonda (Trapezuntios) para copiar su colección de manuscritos. El bizantino no se hace de rogar y también va a Padua, donde le enseña griego al obispo Pietro Marcello (y aprende latín del propio Guarino Guarini y de Vittorino da Feltre); luego se desplaza a Florencia y a Roma, donde se convierte en secretario apostólico (cargo prestigioso que el papa reserva a los cultos de cualquier nacionalidad). «Su obra literaria en griego y en latín es amplia y ha influenciado el movimiento humanista de su época.»[27]

Unos años más tarde llega a la laguna el griego que más incidiría en la historia veneciana, donando al estado véneto el núcleo constitutivo de la Biblioteca Marciana —fundada en 1468—, la única institución de la Serenísima que aún existe y se mantiene activa. Bessarione llega por primera vez a Venecia en 1438 junto con el emperador Juan VIII Paleólogo y el patriarca José II. El séquito de los máximos cargos civiles y religiosos de Bizancio es muy numeroso: reúne a 600 personas que transitan por la Serenísima en ruta hacia el Concilio de Ferrara-Florencia. Las audiencias hubieran tenido que establecer la unión entre las iglesias de Roma y de Constantinopla, y el papel que desempeña Bessarione impresiona tanto al papa que este lo nombra cardenal. Bessarione, refinado humanista, se traslada a Roma en 1440 para promover en vano una cruzada contra los turcos. Sin embargo, tendrá mucho éxito reuniendo manuscritos griegos. Su colección, gracias a las adquisiciones y al trabajo de los copistas, llegará a 800 manuscritos, que serán donados en 1468 a la República de Venecia, considerada digna custodia de aquel preciosísimo conjunto.

Mientras tanto, ocurre un hecho histórico: Constantinopla —corre el año 1453— es conquistada por los otomanos de Mehmet II, llamado el Conquistador, y se convierte en la nueva capital del Imperio turco. Muchos intelectuales bizantinos abandonan su excapital sabiendo que nunca volverán. Venecia es un refugio acogedor donde ya hay muchos compatriotas y donde «los exiliados griegos darán salida a la tipografía griega como grabadores de caracteres griegos, impresores, correctores y editores de libros, también en colaboración con los tipógrafos italianos que, para satisfacer las peticiones de los humanistas, se dedican a la publicación de textos de literatura clásica».[28] Otros se instalan en Creta —veneciana desde 1204 hasta 1669—, y de hecho serán precisamente los hijos de la gran isla mediterránea los que pondrán en marcha la edición en griego.

La panorámica de la presencia helénica en Venecia no estaría completa si no citáramos a la Cofradía de griegos, que, fundada en 1498, todavía existe bajo el nombre de Instituto Helénico. La iglesia de San Giorgio dei Greci y el cercano museo de los iconos se encuentran al pie del Puente dei Greci, topónimos todos ellos que registran la importancia de dicha presencia.

Son justamente dos cretenses los pioneros de la impresión en griego. De ellos poco sabemos, salvo lo que escriben en el colofón de los libros que publican. Laonikos y Alexandros son curas y ambos originarios de Canea (Chania); el segundo se convertirá en obispo de Arcadi. Es Laonikos quien publica la *Batrachomyomachia* en 1486, mientras que

Alexandros, también editor de un único libro, imprime el 15 de noviembre del mismo año su salterio (Salmos de David), el primer libro religioso en griego. Los tipos de los dos libros son iguales, y esto hace pensar que salieron de la misma tipografía y usan como modelo antiguos manuscritos litúrgicos. El hecho de que se imprimieron en negro y en rojo puede significar que estos dos tipógrafos tenían la intención de imprimir una colección de libros religiosos, plan que nunca ejecutaron.[29]

Laonikos y Alexandros desaparecen, engullidos por el abismo de la historia, después de haber establecido su récord, si bien son los iniciadores de una fecunda tradición: «Ninguna otra ciudad en el mundo como Venecia prestó tan preciosos servicios a la edición de los libros griegos y por consecuencia al progreso y al desarrollo de la cultura».[30] La antorcha de la edición helénica pasa a otro cretense, Zaccaria Calliergi, que nace en Rethymno (Rethimon) en 1473, en el seno de una de las familias más nobles y poderosas de la isla. Llega a Venecia en 1490, se asocia con Nicola Vlastò, también noble cretense, «hombre de confianza de Anna Notarà, hija del último primer ministro bizantino, Luca Notarà, que se había mudado a Venecia con todos sus bienes y que generosamente financió»[31] la primera tipografía griega abierta en la Serenísima. El de los Calliergi es un apellido destinado a perdurar en la historia véneta, aunque con ligeras modificaciones debidas a las sucesivas transcripciones; en 1572, un tal Antonio Calergi muere y deja una biblioteca de 800 volúmenes, muy notable en aquel tiempo,[32] mientras en Ca' Vendramin Calergi, hoy sede del casino municipal, en 1883 muere Richard Wagner.

Zaccaria Calliergi fue «el tipógrafo griego más importante, reuniendo muchas y raras capacidades en su persona: calígrafo, copista de códigos, fino diseñador y grabador de tipos, editor erudito y comentador de textos clásicos, corrector y editor de gustos refinados»,[33] se rodea además de colaboradores muy cultos, como Marco Musuro, también de Rethymno, que después se convertirá en uno de los más importantes colaboradores de Aldo Manuzio y en docente de griego en la Universidad de Padua, donde entre sus oyentes se encontrará Erasmo de Rotterdam. La voluntad de Zaccaria y Nicola, la sabiduría de Marco y el dinero de Anna permiten publicar en 1499 «una de las obras maestras de la tipografía renacentista»,[34] el *Mega Etymologikon*

(*Etymologicum magnum* en latín). La primera imprenta griega necesita seis años de preparación para imprimir el primer léxico griego, «uno de los monumentos más importantes de la literatura bizantina».[35] Los costes se disparan, pero finalmente resultan proporcionales a la belleza de la obra: los tipos de Calliergi son de una calidad exquisita, las decoraciones «imitan a los manuscritos bizantinos más hermosos»,[36] cada página está impresa dos veces, en negro y en rojo, y esta resultará ser la primera edición (*editio princeps* para los bibliógrafos) sobre la cual se basarán las obras sucesivas. La colaboración entre Calliergi y Vlastò se limita a cuatro libros, y concluye en 1500 con la *Terapéutica* de Galeno, texto fundamental para todos los médicos de la época. Calliergi se traslada a Padua, donde trabaja de nuevo como copista de manuscritos. Vlastò le vende los libros sobrantes a Manuzio, mientras los espléndidos tipos son comprados por los Giunta, que los usarán en 1520.

El editor más importante del Renacimiento, Aldo Manuzio, ha merecido un capítulo solo para él, pero ahora nos interesa analizar su influencia —fundamental— en la edición en griego. Manuzio llega a Venecia en 1489-1490 con la intención de publicar los códices manuscritos griegos y latinos que el cardenal Bessarione le ha dejado a la Serenísima. «El primer libro fechado (28/11/1494) que sale de la imprenta de Aldo es la *Grammatica* de Costantino Lascaris, pero la primacía hay que asignarla a otra obra impresa sin indicación cronológica y que se puso en circulación alrededor de 1495: la *Galeomyomachia* (La guerra entre el gato y los ratones) de Theodoro Prodromo, editada por Aristóbulo Apostolio, conocido como Arsenio Apostolio».[37] Manuzio necesita a grandes conocedores del griego y en Musuro encuentra a su hombre. «Marco Musuro, el genio filológico más grande del helenismo moderno, ofreció un servicio inestimable al Renacimiento europeo con su valiosísima enseñanza y sobre todo con la edición crítica de las primeras impresiones de los escritores griegos antiguos, publicadas por primera vez por la famosa tipografía veneciana de Aldo Manuzio.»[38] Es la letra de su amigo Marco Musuro el modelo[39] a partir del cual Aldo hace grabar los caracteres griegos cursivos por el boloñés Francesco Griffo.

Otro colaborador fundamental es Giano Lascaris, nacido en Constantinopla, pero el que más sorpresa suscita es Juan Grigoropulo, que le debe a un homicidio su papel fundamental en la historia de la edición helénica. «Obrero de las letras»,[40] copista, hijo y hermano de copistas, se gana la fama de escrupulosísimo corrector. Llega a Venecia en 1494 para liberar a su hermano Manuel, que por un homicidio involuntario ha sido desterrado a la isla de Karpathos. Para ello es necesario indemnizar a la familia de la víctima y obtener las correspondientes sentencias de las autoridades venecianas. Juan lucha con tenacidad durante siete años, consigue su objetivo en 1501 y sigue trabajando con Manuzio (probablemente más relajado) hasta 1504, fecha a partir de la cual no se sabe si murió o regresó a su patria.[41]

Aldo es «empujado por sus colaboradores griegos a publicar los textos indispensables del mundo helénico»[42] y probablemente desde esta óptica se explica el curioso hecho de que Manuzio, «además de sus reconocidos méritos, tiene que ser considerado el primero en haber impreso textos litúrgicos de la Iglesia ortodoxa».[43] El editor evidentemente teme que la Iglesia católica romana no vea con buenos ojos la publicación de textos de la liturgia ortodoxa y los imprime a escondidas, «en muchos casos estos textos se imprimían anónimos, clandestinos, sin título, ocultos entre otros escritos de naturaleza religiosa, gramatical o poética».[44]

Manuzio muere en 1515 (sin embargo la actividad de su tipografía prosigue) y muy pronto «Andrea Cunadis, mercader de

Patras, miembro de la Cofradía de los griegos desde 1516, vincula su nombre a la edición de libros religiosos y en griego moderno, solicitados no solo por los cofrades, que aumentaban cada vez más, sino también por los ortodoxos de Oriente».[45] Cunadis es solamente editor en sentido estricto, no imprime, para hacerlo elige a los tipógrafos Nicolini da Sabbio, originarios de Brescia. Cuando muere en 1523, su herencia es recogida por su suegro Damiano di Santa Maria, mercader de tejidos originario de Splizzi, que continúa publicando con los Sabbio hasta 1550. A lo largo de los treinta y dos años que dura esta colaboración se publican 49 libros: 31 litúrgicos, 17 de literatura y uno (la obra de san Basilio) en latín y griego. «Por primera vez en la historia de la tipografía en griego, se imprimen libros destinados ya no a un público culto en Italia, sino a las poblaciones de lengua griega y de religión ortodoxa en Oriente.»[46]

El radio de acción se amplía y así el humanista Nicola Sofiano de Corfú imprime en 1544 un manual de astronomía en griego moderno y traduce además a Plutarco en griego moderno, para que sea más fácilmente accesible (aunque son otros los que se encargan de la publicación). Como cabe esperar, a medida que pasan los años la imprenta en griego moderno asume cada vez más importancia comparada con la impresión en griego clásico. El primer libro en griego moderno, impreso en 1519 por Calliergi, se ha perdido, así como el segundo, de 1524, obra de Cunadis, pero luego la producción se intensifica y los testimonios que nos han llegado son cada vez más numerosos. En aquel periodo también se empiezan a imprimir obras de autores griegos vivos, en su mayoría procedentes de las islas Jónicas, y la literatura cretense tendrá su máximo impulso en el siglo siguiente, sobre todo porque, como ya se ha dicho, Venecia pierde definitivamente Candia en 1669 y un gran número de cretenses se refugian en la laguna. En el siglo XVII «Venecia se convierte en la capital cultural del mundo griego y ejerce una influencia estimable en el renacimiento también político de lo griego».[47] Las tipografías venecianas seguirán publicando obras en griego moderno (a mediados del siglo XVII se exportan todos los años a Oriente entre 20.000 y 30.000 volúmenes) y la actividad se prolongará incluso después de la independencia helénica (1821), hasta principios del siglo XX.

6
VIENTO DEL ESTE

«Los Balcanes empiezan en Rennweg», decía el príncipe de Metternich, asomándose a la ventana de su casa. Rennweg era la calle de Viena donde residía. Los venecianos sabían desde mucho antes que Venecia era la puerta de Oriente y que ni siquiera había que salir de los confines del estado para encontrar aquel Oriente. Entre los súbditos de la Serenísima en los Balcanes se contaban numerosas comunidades —católicas en Dalmacia, ortodoxas en las Bocas de Kotor y en la Albania véneta— que hablaban lenguas eslavas. Comunidades que necesitaban libros litúrgicos y cuya capital estaba obviamente preparada para proporcionarlos. Se trataba de un mercado interior, y por tanto no había aranceles ni impuestos aduaneros que hicieran aumentar el coste final. Y luego estaba la exportación: la gran multinacional del libro que era la Serenísima estaba dispuesta a trabajar para quienquiera que se presentara con un texto en una mano y dinero contante y sonante en la otra. Así, mientras las primeras dos ediciones de la Biblia en checo se imprimen en Bohemia, la tercera surge en Venecia en 1506 de las prensas de Peter Liechtenstein. Se trata de una Biblia utraquista, para uso y consumo del ala moderada del movimiento husita, a pesar de todo peligrosos descreídos a ojos de la Iglesia de Roma. Los husitas —que toman su nombre de Jan Hus, quemado vivo por hereje en 1415— habían sido derrotados en Bohemia, después de veinte años de guerras, por la Iglesia católica y la alta nobleza feudal. En la segunda mitad del siglo xv, sin embargo, la facción moderada del movimiento, formado por la pequeña nobleza y la burguesía, continúa adhiriéndose a la fe reformada, mientras que el ala radical, los taboritas, constituida sobre todo por campesinos, había sido aplastada con anterioridad.

También en este caso es fácil suponer que la libertad de que se disfrutaba en la república a principios del siglo XVI desempeñó un papel fundamental y que los protestantes bohemios encontraron menos arriesgado imprimir una Biblia reformada a la sombra de san Marcos que a la de san Venceslao. Obviamente, el libro estaba destinado a la exportación, y de hecho hoy, en Italia, sobrevive un único ejemplar de Biblia utraquista, conservado en la biblioteca de la Fundación Cini en Venecia.

Hasta aquí hemos visto las medallas de oro conquistadas por Venecia —primera en imprimir un Corán, un Talmud, un libro en griego y uno en armenio—, pero también las hay de plata, de bronce y de oro de menos quilates, como por ejemplo para la primera traducción italiana del Corán (impresa en 1547 por Andrea Arrivabene), mientras que una de plata le correspondería a la impresión de la segunda Biblia en lengua vulgar y primera en italiano; una primicia absoluta es la edición en alemán.

Si el viento del este es una brisa ligera procedente de Europa central, de los Balcanes llega un bóreas impetuoso capaz de alterar el mundo de la edición en la laguna. Venecia se convierte en el punto de referencia de las lenguas eslavas del sur (yugoeslavas, para utilizar un término que en aquel momento aún no había sido acuñado): croata, serbio, bosnio. Hay que decir que utilizar estos términos nos resulta cómodo en aras de la claridad, aunque en realidad constituyen un anacronismo. El serbocroata se codifica como lengua en el siglo XIX, y la distinción entre croata, serbio y bosnio (y, tras la independencia de 2006, también el montenegrino) ocurre solo después de la guerra decenal que lacera Yugoslavia de 1991 a 2001. Naturalmente, los nacionalistas quieren demostrar, documentos en mano, que su lengua es la más antigua, hablada al menos desde la Edad Media, mientras que el idioma en que se expresan los pueblos vecinos es simplemente una derivación del propio. Es cierto, en cambio, que para escribir se utilizaban alfabetos distintos y que existían variantes locales de los dialectos eslavos meridionales a partir de las cuales se desarrollarían las lenguas que hoy conocemos.

Hoy en día, la percepción de un Oriente situado a las puertas de casa, en la otra orilla del Adriático, está distorsionada por un siglo de nacionalismos y por la influencia del comunismo, esto es, por el centenar de años en que italianos y eslavos del sur se enfrentaron para afirmar su propia superioridad nacional, y por los cincuenta años de Guerra Fría durante los cuales combatieron en nombre de dicha ideología. Irremediablemente, el Adriático se ha ensanchado y sus aguas se han convertido en una barrera entre las poblaciones que habitan sus orillas. Pero durante los siglos en que el traslado por vía marítima era mucho más seguro y utilizado que por vía terrestre, la situación era distinta: el Adriático era una superficie que unía. Había muchas más relaciones entre las dos orillas del mar que entre la costa y el interior, sobre todo en Dalmacia, donde inmediatamente después de la línea de costa se alzan las escarpadas montañas de Velebit. Para los istrianos era normal ir a vender sus verduras a Rialto, y durante siglos Venecia se calentó con la madera traída por los quechemarines dálmatas.

En el siglo XVI el mar Adriático es un lago veneciano (de hecho, hasta el XVIII recibe el nombre de Golfo de Venecia) que la república gobierna confiriéndole un estatus jurídico igual al de la tierra firme. Esto es posible porque los *domini da mar* de la Serenísima se extienden a lo largo de la costa oriental, sobre Istria, Dalmacia (donde se hablaba también una lengua latina autóctona, el dalmático, hoy desaparecida; la última persona que la conocía murió en 1898 en la isla de Krk) y la Albania véneta.

No sorprende, pues, que los eslavos que eran súbditos véne-tos fueran a imprimir sus libros en la que era su capital, además de ser la reina indiscutible de la edición. Hay que subrayar que, en la evangelización de las poblaciones eslavas, llevada a cabo por los bizantinos Cirilo y Metodio, fue muy importante la pa-labra escrita: «Una vez cogidos los libros traducidos, Cirilo los puso en el altar de Dios y los ofreció en sacrificio al Señor».[1] El primer libro en croata impreso en Venecia en 1477 todavía no es una obra devocional, sino un volumen de poemas en latín de Juraj Šižgorić, humanista de Sibenik, llamado Georgius Sisgo-reus. El *Elegiarium et carminum libri tres* es también el primer li-bro publicado por un poeta croata.

El primer volumen en caracteres glagolíticos —el antiguo al-fabeto croata— es un misal de 1483, cuyo lugar de impresión ig-noramos, aunque podría ubicarse en el actual territorio de Croacia, probablemente en Kosini, en la región de Lika, en el interior dálmata a espaldas de la isla de Pag, o en Modrus, no muy lejos de Fiume (Rijeka). El siguiente libro, segundo en gla-golítico y tercero en croata si se considera la edición latina de Šižgorić, es un breviario de 1491. La única copia existente se conserva en Venecia, en la Biblioteca Marciana, y se desconoce su tipografía, aunque se considera impreso en la Dominante.[2] No hay pruebas fidedignas acerca del lugar preciso de impre-sión, sino solo indicios, y de hecho la atribución geográfica ha sido rebatida por algún historiador croata contemporáneo que desea situar la impresión del libro croata en Kosini.[3] Hay que destacar que la región de Lika, donde se encuentra Kosini, esta-ba habitada por una mayoría serbia hasta antes de la operación Tormenta (agosto de 1995), gracias a la cual Croacia reconquis-tó los territorios de la secesionista república serbia de Krajina.

En cambio, de lo que no hay duda es acerca del origen vene-ciano del breviario glagolítico publicado en 1493 por Andrea

Torresani, el futuro suegro de Aldo Manuzio, con la supervisión de Blaž Baromić. Nacido en Vrbnik, en la isla de Krk, entonces territorio de la república véneta, se convertirá en canónigo de la catedral de Senj, en territorio habsbúrgico, donde después instalará la que tradicionalmente se considera la primera tipografía de Croacia. La primera imprenta conocida es ciertamente identificable, porque hay muy pocas certezas acerca de la o las precedentes. Es siempre el mismo Andrea Torresani quien publica en 1527 un lujoso abecedario, con preciosas xilografías e impreso en rojo y negro, «que se utilizará como modelo para diseñar caracteres glagolíticos durante todo el siglo XVI».[4]

Cuarenta años después, en 1561, otro Andrea Torresani, nieto de su homónimo arriba mencionado, imprime un nuevo breviario, editado por Mikula Brožić, párroco y público notario de Omišalj, en Krk. Hasta hace poco se consideraba una simple adaptación de la edición de 1493, pero un estudio más exhaustivo ha demostrado que Brožić «interviene en el texto, modificando el calendario, integrando los oficios de los santos y actualizando la ortografía, volviéndola más acorde con la hablada croata».[5]

Llegados a este punto es imposible no advertir la importancia que Krk tuvo en la tradición glagolítica. Los editores de los volúmenes venecianos procedían de esta isla del Golfo de Carnaro, que es también la más cercana a la tierra firme: solo 600 metros de mar la separan del punto más próximo de la costa continental (desde 1980 ni siquiera es una isla porque se construyó un largo puente de 1.430 metros). En la parte meridional, en concreto en Jurandvor, no lejos de Baška, ha sido encontrada la *Bašćanska ploča* (Tabla de Baska), el testimonio más antiguo de la lengua glagolítica. El original, encontrado en 1851 en el interior de la iglesia de Santa Lucía, fue trasladado a Zagreb, y hoy en dicha iglesia se puede admirar una reproducción. El texto de la lápida es de 1100 y testimonia la donación de tierras por parte del rey Zvonimir a los benedictinos que gestionaban la iglesia.

Pero volvamos al papel impreso. En 1528 una gran imprenta, una de aquellas multinacionales del libro tan numerosas en la Venecia de principios del siglo XVI, publica un importante misal, decorado con xilografías y editado por Pavao de Modruš. Durante cincuenta años salen de las prensas venecianas muchos libros litúrgicos en glagolítico, aunque habrá que esperar hasta 1631 para ver otro misal impreso. Con esta edición cambian muchas cosas: se publica en Roma, por la Propaganda Fide, y el editor ya no es un benedictino, sino un franciscano, Rafael Levaković, del convento de Tersato (Trsat), junto a Fiume, el lugar donde, según la tradición, los ángeles que transportaban la casa de la Virgen descansaron en su camino de Nazaret a Loreto. El padre Levaković introduce «en el texto numerosas formas eslavas-orientales, corrompiendo en gran medida la pureza de la lengua transmitida por las ediciones precedentes».[6] En definitiva, desde el punto de vista lingüístico las ediciones venecianas son mucho más rigurosas que las sucesivas editadas por el papado.

Ya sabemos que 1512 es el año del primer libro en armenio, pero lo es también del primer libro en cirílico bosnio, *Ofičje svete dieve Marie* (Oficio de la Virgen María). En la actualidad el bosnio se escribe con caracteres latinos, pero hace medio milenio «los habitantes de Bosnia (región donde el alfabeto glagolítico había cedido gradualmente sitio al cirílico) de ritual latino y lengua croata, usaban una grafía particular, un tipo de cirílico llamado bosnio, más distinto del eclesiástico usual».[7] Y es el parisino Guillaume Postel (mencionado antes a propósito de su interés por los caracteres árabes de Paganino

Paganini) «quien reproduce en imprenta por primera vez la tabla del alfabeto cirílico bosnio y proporciona la transliteración en caracteres latinos».[8] Será un tipógrafo milanés, Giorgio Rusconi, con tienda en San Moisè, quien imprimirá la obra, seguida pocos días después por un segundo libro en bosnio. El editor de los dos volúmenes, Franjo Mikalovič Ratkovič, viene de Ragusa (la actual Dubrovnik), en aquel tiempo república independiente (será abolida por Napoleón en 1808; en 1776 será el primer estado soberano en reconocer la independencia de los Estados Unidos de América). Como puede apreciarse, Venecia es simplemente un marco en cuyo interior se mueven personajes extranjeros (franceses, milaneses, ragusanos). Así, las reimpresiones de 1571 y la publicación de un nuevo ritual eclesiástico serán obra de la sociedad mencionada en el colofón del volumen, entre un enigmático Jakob Djebarom, acerca de cuya identidad se han formulado muchas hipótesis sin confirmar, y el siracusano Ambrosio Corso, ya conocido en la década anterior por haber comercializado las ediciones de los Vuković. Si bien el siglo XVII es un siglo oscuro para la edición veneciana en general, en el caso de la imprenta bosnia se trata del periodo de máximo esplendor, sobre todo con la publicación de las obras de Matija Divković, de Jelaške, un franciscano que se convierte en capellán en Sarajevo. La impresión de textos en cirílico bosnio prosigue en Venecia hasta 1716; de sus prensas surgen muchas ediciones de las cuales en la laguna se conservan solamente rarísimos ejemplares, lo que confirma el hecho de que se trataba de una producción totalmente dirigida a la exportación.[9]

Y ahora llegamos al mayor grupo lingüístico de los Balcanes, el serbio. Debido a su superioridad numérica, la cantidad de libros editados en dicha lengua en Venecia fue mayor que la de los publicados en croata o en bosnio. En este caso se añade además un claro componente político: los libros litúrgicos destinados a los serbios ortodoxos impresos en Venecia sirven para mantener encendida la llama de la independencia en territorios de reciente conquista otomana (Serbia ya había perdido la independencia hacía tiempoo, después de la Batalla de Kosovo Polje, el 28 de junio de 1389, día de san Vito, fecha clave para la construcción de la épica nacional del pueblo serbio. Los turcos se apoderan en 1496 del último pedazo de tierra libre serbio-ortodoxa, el reino de Zeta (el actual Montenegro), cuando Božidar Vuković, hijo de una noble familia, tiene treinta años. Nacido cerca de Podgorica, trabaja en la imprenta de Djuraj Crnojević. Con toda probabilidad es un alto funcionario estatal en la corte de Ivan Crnojević y, para no someterse a los conquistadores de su país, decide huir de la capital Cetinje. Se traslada a Venecia, donde asume una misión: reabastecer de libros litúrgicos las iglesias ortodoxas despojadas por el ejército otomano. Imprime su primer libro presumiblemente en 1519, el último seguramente en 1540, y durante casi veinte años Venecia se convierte en «uno de los centros de mayor relieve en la imprenta del libro litúrgico eslavo eclesiástico serbio».[10] La actividad seguirá muchos años gracias a su hijo Vicénco, y la que durante mucho tiempo se convierte en la única imprenta serbia del mundo dejará de imprimir solo a mediados del siglo XVII. La imprenta Vuković es el mayor proveedor de libros de la Iglesia serbio-ortodoxa, con una red de distribución que se extiende desde las costas adriáticas de Dalmacia y Albania hasta las zonas interiores de los Balcanes.

Hasta bien entrado el siglo XIX, los centros culturales serbios más importantes se encuentran todos fuera de su territorio, esto es, en Grecia (Monte Athos) y en Hungría (Sremski Karlovci y Novi Sad, en Vojvodina, convertida en región serbia después de la Primera Guerra Mundial), y, además, en las comunidades ortodoxas de Budapest, Viena y Venecia; esta última representa el punto más occidental alcanzado por la cultura serbia.

Vuković se casa con una veneciana y se cambia el nombre por el de Dioniso della Vecchia, utilizando el apellido de su mujer. Su hijo Vicénco se limita en los primeros años a reimprimir las obras paternas, pero en 1561 publica su primera edición importante, con la colaboración de Stefan Marinović de Shkodër, en la Albania véneta. Sin embargo, el joven Vuković no consigue rentabilizar la actividad heredada de su padre, y es relevado por el búlgaro Jakov Krajkov, que había llegado a Venecia en 1560. Este imprime cuatro ediciones hasta que, en 1572, cede la tipografía a Giuseppe Antonio Rampazzetto, que, en 1594, publica el último libro veneciano en cirílico del siglo XVI.

Durante el siglo XVII aparece en Venecia un único volumen en cirílico eclesiástico —es el año 1638— porque la actividad editorial veneciana se ve suplantada por la de la tipografía políglota vaticana, tal como deseaba Gregorio XIII. Conseguirá volver a niveles de cierta importancia durante el siglo siguiente gracias a la obra del impresor griego Demetrio Teodosio, quien publica en griego, armenio y en lengua karamánidai (turco con caracteres griegos, ya lo veremos), y después de haber comprado los caracteres cirílicos empieza a imprimir libros para los eslavos de fe ortodoxa.

Mientras los estudiosos de bibliografía croatas, como hemos visto, tienden a «croaticizar» la edición glagolítica veneciana, los serbios reconocen la contribución a su cultura proporcionada por las ediciones impresas en la Serenísima. «Hay que subrayar que los venecianos, independientemente de los motivos que los empujaron a hacer posible el desarrollo de nuestra imprenta, objetivamente nos ayudaron: primero, a entrar en el círculo de poblaciones donde el arte tipográfico se había abierto camino ya en los años noventa del siglo xv; segundo, a conservar, imprimiendo libros, nuestra nacionalidad y a desarrollar nuestra capacidad de escritura y nuestra cultura espiritual y temporal en las condiciones de esclavitud en las que nos encontrábamos bajo los turcos».[11]

7

LA TIERRA Y LA GUERRA

América la descubren los españoles guiados por un genovés, Cristóbal Colón; el nombre del continente procede de un florentino, Américo Vespucio; Canadá lo exploran los ingleses al mando de un veneciano, Giovanni Caboto; la vuelta al mundo la dan los portugueses, pero es un vicentino súbdito de la Serenísima, Antonio Pigafetta, quien escribe la crónica. En una época en la que el dinero ya se encontraba en otros lugares, mientras los cerebros seguían allí, la vieja Europa mediterránea demuestra estar muy involucrada en los descubrimientos geográficos y en las rutas oceánicas. Y son precisamente los venecianos quienes contribuyen de manera fundamental a la difusión del conocimiento de las nuevas tierras, así como de las viejas.

El papel de los súbditos de san Marcos en la historia de la navegación es indiscutible, baste con decir que le dieron el nombre a la Rosa de los Vientos. Tras elegir como base un punto impreciso del mar Mediterráneo al noroeste de Creta, se determinó la dirección de los vientos: el que soplaba desde la Maestra, es decir, Venecia, se llamó Mistral (la interpretación no es unánime: algunos consideran que la *Maestra* en cuestión es Roma, pero resulta demasiado fácil objetar que no eran los marineros del Papa quienes navegaban por las aguas de Levante). Hubo venecianos que se atrevieron a ir más allá del Mediterráneo, como los hermanos Nicolò y Antonio Zen, que a finales del siglo XIV navegan por el Atlántico septentrional, llegan a las Feroe, a Islandia y probablemente a Groenlandia, y quizás exploran las costas canadienses de Terranova. O también Alvise da

123

Mosto (conocido como Cadamosto), que sale de su palacio en el Gran Canal (aún existe) y en 1455, al mando de una expedición portuguesa, descubre las islas de Cabo Verde y recorre el río Senegal. Otros navegan en sentido contrario. Es el caso de Nicolò de' Conti, de Chioggia, que en 1421 visita Sumatra y luego Birmania y Vietnam (resulta curioso cómo llegamos a conocer sus empresas; tras convertirse al islam y luego volver al cristianismo, el papa Eugenio IV le impuso como penitencia que le narrara sus exploraciones a su secretario, el humanista Poggio Bracciolini, quien las transcribió).

Para navegar se necesitan mapas; así como también para la guerra. De todos es sabido que la topografía es una ciencia bélica. Esto explica por qué Venecia (fuerte en barcos y cañones) le dio tanta importancia a la edición geográfica y militar; con respecto a la segunda llegó a tener prácticamente el monopolio y se convirtió en un referente para la primera. La cartografía del siglo del que nos estamos ocupando se convierte en una especie de frenesí colectivo, una verdadera «cartomanía que en aquel entonces estaba en su punto álgido, no solo entre los cartógrafos de profesión, sino también entre los lectores en general. Sin la protección del *copyright*, miles de mapas se copiaban, modificaban o más sencillamente se reproducían solo sus partes más interesantes».[1]

El primer tratado geográfico publicado en el mundo son las *Navigationi e viaggi* (Navegaciones y viajes) de Giovanni Battista Ramusio, de 1550. Se trata también

de la primera gran compilación de documentos históricos que no es una miscelánea de leyes y decretos, por tanto es el primer ejemplo de una documentada historia geográfica y de viajes, y si no el primero, ciertamente es el segundo trabajo (después del *Novus orbis* publicado en Basilea en 1532) que inaugura un nuevo género literario para el cual aún no hemos encontrado una definición mejor que narrativa de viaje.[2]

Como siempre ocurre, no nos encontramos ante un experimento solitario, sino ante el fruto final de una larga floración, consecuencia del hecho de que Venecia se había convertido en «el centro de difusión principal, al menos en lo que concierne a Italia, de la producción relativa a los descubrimientos geográficos».[3]

Hacía tiempo que los venecianos se ocupaban de la cartografía, antes de que la invención de la imprenta le diera un nuevo impulso al sector. Su contribución al progreso de los conocimientos geográficos es fundamental «tanto por la amplitud de los mercados como por la atracción que la ciudad ejerce como centro económico-cultural».[4] Las habilidades venecianas en este campo no tienen rival en todo el mundo; por ejemplo, el embajador de la Serenísima en Madrid, Gasparo Contarini, será «el único capaz de explicar por qué los supervivientes de la primera circunnavegación habían perdido un día de calendario al concluir su viaje».[5]

Ahora volvamos al momento en que un tal fray Paolino Minorita, nacido en Venecia en 1275, se convierte en obispo de Pozzuoli, cerca de Nápoles, y en su *De mapa mundi* dibuja un planisferio redondo que propone una Europa rodeada por las aguas oceánicas. En las primeras décadas del siglo XV, Andrea Bianco Veneziano dibuja mapas náuticos con una serie de instrucciones para «aplicar a la náutica algunas normas de cálculo trigonométrico».[6] En el séptimo mapa, «que reproduce Europa centro-septentrional, además de Noruega, también se indican otras islas que en los autores precedentes no aparecen y que probablemente están relacionadas con las informaciones recabadas en los viajes de los venecianos hermanos Zen».[7] Sin embargo, el indiscutible primer artífice de aquellos años es el fraile Mauro: en el monasterio de San Michele (precisamente donde en 1987 el primer Corán de la historia fue resucitado de su plurisecular olvido), hacia la mitad del siglo XV, dibuja «el más grande monumento cartográfico medieval»,[8] un mapamundi, rico en decoraciones y explicaciones, del que sobrevive una única copia conservada en la Biblioteca Marciana de Venecia. Pero esta no es su única producción: el que muy probablemente era un organizado taller cartográfico donde trabajaban varias personas (también Andrea Bianco, antes mencionado) realiza «otro mapamundi, comisionado por Alfonso V, rey de Portugal, a quien fue enviado en 1459».[9] Año que corresponde al de la muerte de fray Mauro.

Entretanto, llegamos al periodo de los grandes descubrimientos geográficos. Asuntos de españoles y de portugueses, como ya se ha dicho, los venecianos se quedan fuera, es más, asisten atónitos al nuevo diseño del mundo cuando, en febrero de 1504, las galeras con el león de san Marcos vuelven vacías de Alejandría en Egipto porque todas las especias ya han sido compradas por los portugueses, que han navegado recorriendo el perímetro de África (no se trata de un golpe definitivo, ya que tras unos años las especias volverán a llegar como antes al puerto de la reina del Adriático). Los venecianos observan, pensando erróneamente, que los ibéricos simplemente continúan hacia el oeste lo que ellos ya han realizado hacia el este y que los dos líderes llegarán a un punto de equilibrio en el comercio mundial (sin embargo, la importante entrada en escena de Gran Bretaña transformará el panorama y dejará al Mediterráneo definitivamente fuera de juego).

La república véneta no se convierte enseguida en el centro de propagación de los nuevos conocimientos geográficos: los primeros viajes de Cristóbal Colón a través del Atlántico parecen coger desprevenidos a los impresores. La noticia de las tierras descubiertas llega a Europa con la carta que Colón escribe en español en febrero de 1493 —las carabelas aún no han vuelto—, dirigida a Luis de Santángel, ministro de Finanzas de la Corona de Aragón y principal recaudador de los fondos necesarios para financiar su viaje. Los reyes católicos, para reivindicar la soberanía sobre las nuevas tierras, la hacen traducir al latín e imprimir en Roma en mayo de 1493. La carta suma nueve ediciones dentro del siguiente año, en Roma, París, Basilea y Amberes, y no se traduce al alemán hasta 1497, casi como si la Europa septentrional estuviera poco interesada en el descubrimiento.[10] La entrada en escena de la República de San Marcos tiene lugar con ocasión del último viaje de Colón (mayo de 1502-noviembre de 1504), cuya única fuente es una carta escrita por el navegante a los soberanos españoles, el 7 de julio de 1503, desde Jamaica. La carta al principio circula manuscrita y la primera edición impresa está datada en 1505 en Venecia. Si los editores tienen que recuperar el terreno perdido, no así los diplomáticos, que enseguida comprendieron la trascendencia de las empresas colombinas. En la Dominante se quiere saber qué han hecho los españoles y por eso resulta fundamental la figura de Angelo Trevisan, en 1501 secretario de Domenico Pisani, embajador de la Serenísima en la corte de Madrid. Es él quien copia la transcripción de las cartas de Colón, es él quien encarga en Palos, con la ayuda inestimable de Colón, un mapa de las costas del continente americano para enviarlo a su patria, y es él quien añade a las cartas ulteriores detalles escuchados de viva voz de Colón, a quien lo une una «grandísima amistad» y que, como subraya, «ahora mismo se encuentra aquí en desdicha, en mala gracia de estos reyes y con poco dinero».[11] No tenemos prueba alguna de ello, pero no parece imposible a la luz de lo mencionado que el almirante genovés, para superar los tiempos oscuros, hubiese recibido sonantes ducados venecianos. Las cartas de Trevisan se publican en Venecia en el volumen anónimo *Libretto de tutta la navigatione de' Re de Spagna de le isole et terreni novamente trovati*, impreso por Albertino Vercellese, originario de Lissone, un pequeño pueblo de la Brianza, no lejos de Milán. Pero los escritos de Colón tienen escasa difusión (de nuevo estarán en auge a partir del siglo XIX). La consecuencia inmediata de esta pobre fortuna editorial es que América se llame precisamente «América».

Si hoy le preguntamos a cualquiera quién descubrió América, la respuesta, por descontado, es Cristóbal Colón. Pero si hubiéramos formulado la misma pregunta en el siglo XVI, la respuesta hubiera sido otra distinta: Américo Vespucio. De hecho, es una carta del almirante florentino, «uno de los textos geográficos más divulgados durante el Renacimiento»,[12] la que dio a conocer en Europa la existencia de un nuevo continente, y la edición más difundida de dicha carta se publica en territorio de la Serenísima, en Vicenza. Vespucio le escribe en 1502 a Lorenzo de Médici, embajador de Florencia en Francia. Inmediatamente traducida al latín, la carta se imprime bajo el título *Mundus novus* en París (1503) y en Venecia (1504). Se cuentan once ediciones en latín hasta 1506 y no menos de cincuenta en la primera mitad del siglo XVI, es decir, todo un best seller. La partida de nacimiento de América —y la prueba es que en Alemania conocen mejor a Vespucio que a Colón— es ratificada por Martin Waldseemüller, que en 1507 en su *Cosmographiae Introductio* publica las *Quator Navigationes* de Vespucio, con esta introducción: «Una cuarta parte del mundo ha sido descubierta por Américo Vespucio [...]. No veo razón alguna para no llamar a esta parte *Ameriga*, es decir, tierra de Américo, o *América* por el hombre sagaz que la descubrió».[13] Así nace América, pero para que el mundo lo sepa es necesario difundir la buena noticia.

Y de ello se encarga un humanista vicentino, Fracanzio da Montalboddo, que en 1507 publica en su ciudad una obra titulada *Mondo Novo e novamente ritrovati da Alberico Vesputio fiorentino*, y en el quinto de los seis libros se reproduce la carta del almirante toscano. Esta, junto con la *Cosmographiae* de Waldseemüller, se convierte en la fuente principal para los geógrafos del primer Renacimiento. «La colección de Vicenza, que ignora el cuarto viaje de Colón, es el origen de la extraordinaria reputación de Vespucio.»[14] Está claro que si hoy América tiene este nombre, se lo debe a la intuición de un alemán y a la difusión de la carta de Vespucio, que solo la edición veneciana podía garantizarle: «Las condiciones más favorables para la conjunción entre edición y descubrimientos geográficos se dieron en Venecia».[15]

En la Europa de aquel tiempo se desata una auténtica fiebre por el conocimiento de las exploraciones geográficas y Venecia se convierte en el centro de difusión. En Italia, entre 1492 y 1550, se publican 98 obras que de alguna forma hablan del Nuevo Mundo; 50 de estas se imprimen en Venecia; en Roma, en segundo lugar, se imprimen 15.[16] Los descubrimientos geográficos se registran en las correspondencias de las casas bancarias y en los despachos de los embajadores acreditados en las cortes de Portugal y España. Solo un estado disponía en aquel momento de ambas estructuras desarrolladas: la Serenísima República de Venecia. «Los grandes países organizadores de viajes (España, Portugal) no fueron los principales centros de difusión. En este ámbito, Italia parece haber desempeñado el papel de verdadero centro de análisis.»[17] Después de Venecia e Italia, le siguen Alemania y Francia, con una Inglaterra por el momento ausente, que despertará en la segunda mitad del siglo XVI.

El que se considera el primer islario del mundo ve la luz en Venecia en 1528, obra de Benedetto Bordon (o Bordone). Nacido en Padua alrededor de 1450 en el seno de una familia modesta, Bordon desarrolla una personalidad polifacética; además de geógrafo, es un hábil miniaturista, dibujante y pintor (sus cuadros, de los cuales tenemos noticia en los testamentos, se han perdido; como miniaturista, como hemos visto en el capítulo 2, Aldo Manuzio presumiblemente lo involucró en la grabación de las tablas para el *Polífilo*). Hacia finales del siglo se traslada a Venecia, donde permanecerá hasta poco antes de su muerte, acaecida en febrero de 1530. Tiene tres hijas y dos hijos, de los cuales uno con toda probabilidad es el filólogo conocido con el nombre de Giulio Cesare Scaligero.[18] En 1508 pide licencia de impresión para una serie de tablas para la obra *Tuta la provincia de Italia* (perdida) y para realizar su mapamundi «de forma redonda». Su obra más importante ve la luz veinte años después, en 1528. El *Libro di Benedetto Bordone nel qual si ragiona de tutte le isole del mondo* está dedicado a su sobrino Baldasarre, que, probablemente como médico militar, había navegado por todo el Mediterráneo «en las poderosas armadas de los señores venecianos y del rey católico». Plagada de «creencias y mitos más allá de la realidad [...] con pocas noticias dignas de fe»,[19] la obra de Bordon en la primera reimpresión cambia el título de *Libro* a *Isolario*, con cinco ediciones en veinte años, la última en 1547. Además de introducir en el diccionario la palabra «islario», el volumen tiene otro mérito indudable: bautizar con el nombre de Labrador la parte de Norteamérica que el autor denomina *Terra del Laboratore*, por el trabajo de los esclavos.

Bordon muere, tan pobre como había vivido, dos años después de la publicación de su libro y no puede se testigo de su éxito, dado que la primera reimpresión es de 1534. Pero sus cartas náuticas y sus mapas de ciudades tendrán mejor fortuna. Los errores, se decía, son macroscópicos; por ejemplo, Brasil lo representa una islita poco más grande que las Azores, América del Norte está dibujada como una isla. Bordon es también el primero en mencionar las conquistas de Francisco Pizarro en Perú y dibuja un mapa de la gran ciudad de Tenochtitlán, y en el centro, claramente visible, una pirámide escalonada, probablemente basándose en la versión italiana de la crónica de Hernán Cortés, traducida por Nicolò Liburnio e impresa en Venecia en 1524 (una traducción anónima había sido publicada en Milán dos años antes). La actual Ciudad de México, en aquel tiempo rodeada por las aguas del LagoTexcoco, se correspondía perfectamente con el concepto de isla. Describe escenarios terribles, como la isla de los Caníbales, cerca de Cuba, cuya población asalta las islas vecinas para capturar a sus habitantes masculinos, «matarlos, cocinarlos y comérselos»; a las mujeres se las llevan, las dejan encintas y, justo después de dar a luz, se comen a los niños, evidentemente más tiernos que los adultos. En el capítulo siguiente, sin embargo, pasa a descripciones más tranquilizadoras de Sicilia, Malta e Isquia.

El vicentino Antonio Pigafetta escribe en francés su crónica de la circunnavegación de Fernando de Magallanes, porque la dedica al gran maestro de los Caballeros de Rodas, Philippe de Villiers de l'Isle-Adam; sin embargo, es la edición impresa en Venecia en 1536, firmada junto a Maximilianus Transylvanus, la que convierte el *Il viaggio fatto da gli Spagniuoli a torno a 'l mondo* en una obra conocida y apreciada (el portugués Magallanes navega al servicio de la Corona española).

Hablábamos antes de la labor divulgativa desarrollada por los aparatos diplomáticos de la Serenísima, pero también hay que recordar que la república disponía de un servicio secreto muy eficiente, quizá el mejor de su tiempo, con una extensa red de informadores que enviaban continuamente informes a la Dominante. El ya mencionado embajador Domenico Pisani, además de utilizar la obra de Trevisan, envía a Lisboa a Giovan Matteo Cretico con el encargo de informar acerca de los negocios portugueses en la India. De aquellos años sobreviven «numerosos informes de los embajadores enviados a la Península Ibérica. Cada informe contiene una serie de novedades relativas a las Indias Orientales y Occidentales».[20] A veces son los mismos embajadores, y no solo sus secretarios, quienes se encargan en primera persona de la recogida de materiales, como Pietro Pasqualigo en 1501 en Portugal, o Andrea Navagero en España. Este último desempeña un papel fundamental a la hora de proveer las fuentes necesarias para compilar el primer tratado geográfico de nuestra época, el ya mencionado *Navigationi e viaggi* de Giovanni Battista Ramusio.

Su padre Paolo deja Rímini por Venecia en la segunda mitad del siglo xv, cuando la Serenísima intenta hacerse con la costa de Romaña. Giovanni Battista nace en 1485 y en 1505 entra en la cancillería ducal como secretario, donde desarrollará una carrera notable, y se convertirá en secretario del Senado en 1515 y del Consejo de los Diez en 1533. Viaja mucho: a Francia, con el embajador Alvise Mocenigo, a Suiza y a Roma y quizá también a África. Pero su gran pasión por la geografía es fruto de la unión de casualidad y cargo político.

> En 1530, un judío de nombre David, que se describe como hijo de rey, predica en Venecia el retorno de los judíos a la tierra prometida. A Ramusio se le ordena estudiarlo y desenmascarar la posible mistificación. Ramusio habla con él e informa al Senado [...]. Según parece le causa una buena impresión: es culto en la interpretación de la Biblia [...] y óptimo caballero y combatiente.[21]

Hace siete años que este judío visita las cortes europeas y africanas. Ramusio no lo considera un impostor, es más, se apasiona por el hombre y sobre todo por las tierras que ha visitado.

Empieza a interesarse por la literatura exótica, tanto que el Senado no duda en pedir el sabio dictamen de su secretario. Ramusio es amigo de Pietro Bembo, «que también se interesaba en los problemas geográficos y poseía valiosos mapamundis y astrolabios, algo muy en boga entre los hombres cultos de la época»[22] y que en 1495 había publicado un trabajo geográfico, el *De Aetna*, «fruto de la observación directa durante una excursión al volcán siciliano».[23]

«Los descubrimientos geográficos y lo que estos aportan a un nuevo conocimiento tanto de la Tierra como de los fenómenos naturales»[24] interesan a todos sus amigos humanistas, pero al mismo tiempo permiten a Ramusio distinguirse de ellos, más ilustres por nacimiento y gloria literaria. El secretario del Senado, con su interés por la cosmografía, la geografía y la historia, resulta más grato a la clase de gobierno veneciana que aquellos vagos de sus amigos que se dedican a temas inútiles como la literatura y la poesía, en vez de embarcarse y hacer dinero con el comercio.

Mientras tanto Ramusio también intenta ejercer de mediador entre Sebastiano Caboto y la Señoría. El hijo de Giovanni quiere poner sus dotes de navegante al servicio de su patria de origen e intenta pasar del servicio de la Corona británica al de la Serenísima. Pretende ir a Venecia para exponer sus planes en primera persona, pero el poder de convicción de Ramusio fracasa y de hecho concluirá que los hombres, poco sensibles a los ideales, exploran la tierra solo «para saciar su inmensa codicia y avaricia».[25] En cualquier caso, la amistad entre los dos tiene que ser sólida, si Sebastiano Caboto lo nombra encargado de sus intereses en Venecia.[26]

Su fama de geógrafo hace que la Señoría le encargue dibujar los cuatro mapas que decoran la Sala del Escudo en el Palacio Ducal. Aquellos mapas no tenían una simple función decorativa, sino que también recordaban la grandeza de la república y la centralidad de Venecia a los visitantes extranjeros que esperaban, precisamente, en aquella sala a que se les diera audiencia. Las primeras noticias de estos mapas son de 1339, cuando Francesco Dandolo era dogo, pero a Giovanni Battista Ramusio se le encarga volver a hacerlos, en colaboración con Jacopo Castaldi. Los cuatro grandes mapas (Asia Mayor, Asia Menor, África y Europa) se encuentran hoy en el mismo lugar, aunque la atribución a Ramusio es puramente nominal, porque, prácticamente borrados por el paso del tiempo, fueron rehechos en 1762 por Francesco Grisellini.

El primer acercamiento de Ramusio a la edición geográfica es en calidad de traductor. En 1534 traduce y publica «el informe sobre la conquista de Perú de un anónimo seguidor de Pizarro, integrado con otro de Francisco Xeres»,[27] y algún estudioso pretende ver precisamente su mano detrás de la traducción anónima de Pigafetta publicada, como ya se ha dicho, dos años más tarde. Mientras tanto, Ramusio recoge todo tipo de crónicas geográficas. El ya nombrado Navagero es un generoso proveedor de historias; Francesco Contarini, embajador veneciano en Flandes en la corte de Carlos V, le trae el informe en francés antiguo de Geoffroy de Villehardouin sobre la conquista de Constantinopla. Consigue del embajador español en Venecia, Diego Hurtado de Mendoza, hermano de Antonio, virrey de México, una crónica sobre Moctezuma, último emperador azteca, a la vez que recibe informaciones de Gonzalo Fernández de Oviedo, alcalde del fuerte de Santo Domingo e historiador de las Indias.

Ramusio se encarga de la primera edición italiana del *Sumario* de Oviedo y volverá a imprimirlo, junto con la *Historia general*, en el tercer volumen de sus *Navigationi*.[28] Como buen veneciano, Ramusio no desdeña los negocios y en 1537 forma una sociedad con Oviedo (nunca lo conocerá personalmente) y Antonio Priuli, procurador de San Marcos (el segundo cargo de la república, después del dogo) para la comercialización de productos de las Indias Occidentales (licores y azúcares). El contrato se firma en parte en Santo Domingo y en parte en Venecia, y no se sabe bien qué ocurrió porque el archivo del notario Pietro de' Bartoli desapareció en un incendio.[29] Lo único cierto es que durante su vida Ramusio triplica las tierras recibidas en herencia. Que a este aumento contribuyeron las rentas derivadas de la empresa comercial transoceánica es sin duda una hipótesis plausible, pero no deja de ser una hipótesis.

La recogida de los materiales necesarios para la publicación de su obra se prolonga al menos veinte años. Y, finalmente, llegan las *Navigationi*: «Sesenta y cinco informes de viajes realizados por hombres de todos los países hacia los más variados confines del mundo, desde la Antigüedad hasta aquellos tiempos, distribuidos en los tres volúmenes *in folio*».[30] El primer volumen aparece en 1550, el segundo en 1556 y el tercero en 1559, cuando Ramusio ya llevaba muerto dos años. El motivo de este desfase se debe a que los planos del segundo volumen, que evidentemente ya estaban listos, desaparecen durante un incendio que destroza la imprenta de Tommaso Giunta. Gracias a menciones en unas cartas, sabemos que estaba prevista la publicación de un cuarto volumen, proyectado y nunca terminado.[31] Además, la obra se publica anónima, por un capricho de Ramusio, y solo después de su muerte, y tras la publicación del segundo volumen, el editor revela el nombre del autor.

El primer volumen se ocupa de África, Molucas, Japón y del viaje de Magallanes. Este volumen es el que más reimpresiones ha conocido, en el que más se percibe el amor patrio de los súbditos de san Marcos, porque se interesa por «un sector económico de importancia vital para Venecia: las especias indias y el oro africano».[32] A lo largo de todo el volumen se expresa «la preocupación, viva y preponderante en la Venecia de la época, por la suerte de aquel comercio que durante generaciones había fortalecido y enriquecido a la república».[33] El segundo volumen está dedicado a Asia continental, Persia, China, Moscovia y Escandinavia. Es aquí donde se transcribe *Il Milione*, subrayando el papel de Marco Polo y de todos los viajeros venecianos que en siglos anteriores se habían dirigido a Oriente. El tercer volumen se ocupa del Nuevo Mundo y es también el de menor éxito, probablemente porque Venecia y la Península Italiana se sienten ajenas a aquellas empresas y aquel horizonte. Se publica en la segunda mitad del siglo XVI, en el periodo en que «el destino mediterráneo y levantino de la economía veneciana se reafirmaba fuertemente».[34] El cuarto volumen hubiera tenido que ocuparse de América meridional y del misterioso continente del hemisferio austral, de cuya existencia todos estaban convencidos pero que nadie había descubierto aún.

Las *Navigationi* consiguen una gran difusión en Europa. «Es cierto, por ejemplo, que los descubrimientos franceses en el Golfo de San Lorenzo están mejor documentados en el tercer volumen de Ramusio que en el *Brief Récit* de Jacques Cartier»,[35] el navegante francés que en 1534 explora Terranova. La gran novedad de Ramusio es que no organiza cronológicamente su colección de informes, sino que elige un criterio espacial «y no por masas continentales, sino por áreas homogéneas de ocupación humana».[36] Además, el autor del primer tratado de geografía de la historia modifica la concepción del mundo: «Veneciano, y por tanto ciudadano de un estado que tiene el mar como base territorial, ve el mundo como una serie de mares rodeados por tierras».[37]

El clamoroso éxito de las *Navigationi* se debe también al hecho de que «se publican en lengua vulgar, en una época en que el lenguaje común de la ciencia es el latín, y por una persona que escribe en latín»,[38] y que probablemente se siente más cómoda usando el latín que no la lengua vulgar. Utilizando un lenguaje actual se diría que Ramusio confecciona un producto para un mercado de masas, en unos tiempos en que el conocimiento de la lengua vulgar toscana, destinada a convertirse en el italiano, está bastante difundido en Europa. Los materiales recogidos por Ramusio continuarán siendo referencias para algunas partes del mundo (Arabia, el África septentrional) hasta el siglo XIX. Después de él, las crónicas de viajes llenarán bibliotecas enteras, pero siempre serán textos individuales, ya no colecciones.

Gracias a la obra de Ramusio, Venecia se convierte en el centro de producción y de venta de los mapas geográficos «a través de una serie de tiendas de las cuales algunos mapas indican también la localización. En este periodo aparecen también empresas editoriales más grandes que las otras, como el caso de Michele Tramezzino, tipógrafo y editor, que con un hermano, además de tener una tienda en Venecia, también tenía otra en Roma».[39] Se empiezan a imprimir los primeros atlas, tal como hoy los entendemos; «el impresor Bolognino Zaltieri en 1568 realiza en Venecia una colección de cincuenta mapas y panorámicas de ciudades [...]. Parece que este editor también haya creado una colección de mapas, un verdadero atlas, del cual no se ha conservado ejemplar alguno».[40] Grabadores e impresores en Venecia trabajan casi todos para «el mayor cartógrafo de Italia del siglo XVI, Giacomo Gastaldi».[41] Piamontés de Villafranca, se traslada a Venecia en 1539 y allí permanece hasta su muerte, en 1566. Es nombrado cosmógrafo de la república; en 1548 publica la *Geographia* de Ptolomeo, con 26 mapas tolemaicos y 34 nuevos.

En 1485, el año que nació Ramusio, los portugueses aún no han alcanzado el Cabo de Buena Esperanza y faltan siete años para el día en que Colón pondrá pie, sin saberlo, en la cuarta parte del mundo. En 1557, año de su muerte, en los mapas geográficos se dibujan formas completamente nuevas [...]. De esta transición —de la modificación que la imagen del mundo sufrió en poco más de medio siglo— Giovanni Battista Ramusio es, con su obra, el primer historiador.[42]

Pero toda esta gloria y este comercio tan vivaz no tendrán larga vida.

Los estudios geográficos y cartográficos en Venecia empiezan a declinar a finales del siglo XVI coincidiendo con la decadencia de la potencia de la república. Los descubrimientos geográficos, con la apertura de nuevas vías y espacios inmensos, habían determinado la progresiva marginación del espléndido golfo adriático, que por su posición quedaba fuera de las grandes rutas.[43]

«Quien recogerá la herencia de Ramusio [...] será el inglés Richard Hakluyt, cuya obra *Principal Navigations*, publicada inmediatamente después de la victoria sobre la Armada Invencible, abre un nuevo capítulo de la expansión europea.»[44] El mundo ha cambiado y el testigo pasa de la República de San Marcos al Reino de San Jorge.

Decíamos al principio que la cartografía está íntimamente relacionada con la guerra. Para combatir, tanto en tierra como en mar, se necesitan mapas. Y la Venecia del siglo XVI no es solo, como hoy tendemos a pensar, la ciudad de Tiziano, Tintoretto y Veronese, de Sansovino y Palladio, cuna de las artes, en definitiva, sino también una potencia militar. Es más, era la superpotencia de la época. En el campo naval no había discusión; los turcos conseguían vencer a los venecianos solo en superioridad numérica; las capacidades de los comandantes y de los artilleros de la Serenísima no tenían rival. Pero también en tierra las tropas venecianas eran fuertes; ya se ha comentado que para detenerlas un poco antes de llegar a Milán habían tenido que aliarse la totalidad de las potencias de la época.

Venecia era una superpotencia cuyas prácticas eran de alguna forma comparables al gigante de hoy, Estados Unidos. Por ejemplo, los venecianos iban regularmente armados, mucho más que sus contemporáneos, y la república era uno de los más importantes exportadores de armas. En Brescia se forjaban corazas, hojas de espada o puntas de lanza y se ensamblaban armas de fuego; en Gardone Val Trompia y en Friuli, en Pontebba, se fabricaban armas de fuego (Beretta, en Gardone, es todavía hoy uno de los más importantes productores de armas ligeras en el mundo); en Verona se producían aparejos para caballerías, mientras que en los valles situados al norte de Brescia y en Montona (Motovun), en Istria, se tallaban las astas para lanzas y alabardas. «Los únicos materiales que Venecia necesitaba importar eran los más sofisticados tipos de obturadores para pistolas y arcabuces, el azufre y una parte del salitre necesario para la pólvora, el cobre para los cañones de bronce.»[45] En la misma Venecia se producían armas ligeras (flechas y espadas), y

la totalidad de los cañones de bronce se fundía en el Arsenal. La armería del Arsenal mismo [saqueada por Napoleón] se consideraba capaz de abastecer a diez mil soldados y, junto con la más pequeña pero más selecta armería del Consejo de los Diez, era muy visitada por ilustres personajes. Las competiciones de tiro podían atraer hasta a ochocientos concursantes de todos los estratos sociales.[46]

Además, en el estado véneto las armas estaban muy difundidas, era normal poseerlas y el veneciano era el gobierno más dispuesto que cualquier otro a confiar en sus gobernantes, «actitud animada por la falta de rebeliones en las naves, donde todo hombre, desde el que remaba hasta el patricio que mandaba, iba armado en vista de la posibilidad de un combate en altamar».[47]

Todo este aparato bélico debía obviamente ser gobernado y en consecuencia «ninguna otra clase de gobierno tenía un interés tan motivado por las cuestiones militares como el patriciado véneto»,[48] y los nobles eran, en general, personas instruidas que por lo tanto leían. Además, los patricios, por rotación, cubrían cargos militares tanto terrestres como marítimos para luego entrar en los órganos políticos que fijaban las políticas bélicas —Senado, Consejo de los Diez, Colegio—, donde aportaban la experiencia adquirida en el terreno. Los patricios que desempeñaban cargos estaban siempre acompañados por secretarios y contables, también instruidos y lectores potenciales. Finalmente, hay que recordar que era la nobleza de tierra firme la que proveía tradicionalmente los cuadros superiores de las fuerzas armadas de tierra (mientras que los rangos patricios procedían de los de la flota).

Así se explica por qué el mercado interno de los lectores de tema militar era más bien amplio, sin tener en cuenta a aquellos que se interesaban en estas cuestiones por motivos de estudio o legales.[49] Y también se explica por qué «entre 1492 y 1570 se imprimieron en Venecia 145 obras relativas a cuestiones militares [...]. Excluyendo las nuevas ediciones y las reimpresiones, los impresores venecianos produjeron 67 títulos nuevos».[50] En el resto de Europa, en el mismo periodo, se publican solo 64 (es en el resto de Italia, Venecia excluida, donde se publica un mayor número de obras, en total 22, mientras que en Inglaterra se publican 14 y en Francia, 10). «La supremacía de

140

Venecia en este campo es sorprendentemente evidente»:[51] sorprende, sin embargo, la falta total de obras relativas a la guerra naval (quizá los venecianos consideraban que no tenían nada que aprender en este campo). No era este el único sector donde la edición veneciana despuntaba (también había biblias, libros de derecho, textos clásicos y traducciones, medicina, geografía), pero lo realmente original es que

> el porcentaje insólitamente elevado de libros militares no se debía a la labor de un estudioso destacado en este campo (como había ocurrido en Núremberg, ciudad que Regiomontano convirtió en el centro europeo para la impresión de textos matemáticos). Tampoco hubo un único impresor que pidiera licencia, como hizo Aldo Manuzio en Venecia a principios del siglo xvi para imprimir las obras clásicas a precios razonables.[52]

La edición militar es, de hecho, un negocio enorme y son muchos los que se lanzan a él, sin que nadie monopolice el sector; las primeras ediciones de los 53 títulos originales (a los cuales se añaden 10 reediciones y 4 traducciones) están a cargo de 31 impresores distintos. Solo un editor, Gabriel Giolito de' Ferrari, imprime 10 títulos, y aunque no está especializado en publicaciones de carácter bélico, podemos considerar que «desde 1541 es el más activo de los impresores venecianos».[53]

Giolito promueve también una iniciativa editorial sin precedentes, que de alguna forma parece la antecesora de las obras en fascículos vendidas en los quioscos en el siglo xx: empieza a utilizar una palabra aún hoy presente en el mundo de la edición, *collana* (colección). Giolito de' Ferrari utiliza un sinónimo, *ghirlanda* (guirnalda), para indicar una serie de volúmenes de igual formato que se publican en secuencia, exactamente lo que hoy en día caracteriza a una colección editorial. Desde 1557 hasta

1570 publica una serie de volúmenes, todos en cursiva y del mismo formato, con «las traducciones de trece historiadores griegos, junto con una colección paralela de libros militares».[54] Los volúmenes constituirán una colección «con la cual podrán decorar sus estancias», precisa el propio editor. Y que efectivamente así ocurrió lo testimonia el hecho de que un par de siglos después, en 1773, se pone a la venta una de estas colecciones, en concreto la que procede de la biblioteca del cónsul Joseph Smith, el famoso coleccionista de Canaletto que dio a conocer y apreciar en Londres al célebre paisajista veneciano.

En la categoría de libros de tema bélico, los impresores venecianos prácticamente tienen el monopolio[55] de las obras relativas a la arquitectura militar y al arte de las fortificaciones.

Ahora centrémonos en un periodo que se caracteriza por un cambio histórico: las artillerías cobran un papel cada vez más relevante y las defensas de las ciudades deben tenerlo necesariamente en cuenta. Se está produciendo un cambio en cuanto a su arquitectura: de torres y muros finos a bastiones puntiagudos y muros bajos, capaces de contrarrestar las pesadas armas enemigas.

Todos los estados del siglo XVI se encargan de modernizar su sistema de defensa, «aunque no está claro si algún otro estado tuvo en este periodo un programa de reforma más amplio que el de Venecia, ni tan ampliamente debatido»,[56] y de hecho todas las ciudades importantes del estado véneto, con la excepción de Vicenza, reconstruyen sus muros a medida de las artillerías modernas. En 1499 los turcos entran en Friuli (sobre este episodio, Pier Paolo Pasolini escribirá en 1944 *Los turcos en Friuli*), desde lo alto del campanario de San Marcos se ven las hogueras de sus campamentos y se decide —no con mucha rapidez— construir un fuerte que impida en el futuro situaciones parecidas; el 7 de octubre de 1593 (aniversario de la batalla de Lepanto) se pone la primera piedra de la ciudad-fortaleza de Palmanova. También hay que modernizar las defensas de los puertos, en Dalmacia, en el Egeo, en Chipre, en Creta y también en Venecia. Aquí las cosas ocurren más rápidamente, y entre 1554 y 1559 Michele Sanmicheli, célebre arquitecto de la época, construye el Fuerte de San Andrés, que vigila el acceso a la laguna desde puerto del Lido (Palmanova no se usará nunca, San Andrés abrirá fuego solo una vez contra un navío francés de nombre irónico, *Libérateur d'Italie*, hundiéndolo; el comandante Domenico Pizzamano será arrestado para complacer a Napoleón).

Entre los autores de obras de arquitectura militar, «la categoría más imponente entre los libros militares venecianos»,[57] no figura el arquitecto más famoso de la época, Andrea Palladio, que nunca se interesa por las fortificaciones, aunque desarrolla un interés insólito por el entrenamiento y la organización de los ejércitos.

Y no se limita a la teoría, también pone en práctica esta pasión organizando una sesión de «entrenamiento a la antigua»[58] de una formación de reclutas —exploradores y remadores de galeras— constituida para la ocasión. «Que un arquitecto de villas y de iglesias pudiera ponerse a gritar órdenes en un improvisado campo de maniobras es un indicio […] de la existencia de un amplio público de lectores de libros militares. La edición veneciana podía contar con un público constituido por estudiosos del arte de la guerra.»[59]

Si Venecia es líder en libros sobre fortificaciones, es obvio que también lo será en los relativos a las artillerías, y de hecho establece también este liderazgo, «sin necesidad de reimprimir libros impresos por primera vez en otros lugares».[60] En los veinte años centrales del siglo XVI solo dos obras acerca de la artillería se imprimen fuera de Venecia, y una de ellas en Brescia, en el estado véneto (la otra en Núremberg en 1547). Artillería también significa balística, y por tanto matemáticas: «Cierto interés por las matemáticas se había difundido en Italia, pero más específicamente fue en Venecia donde esta ciencia llegó a influenciar los libros sobre el arte de la guerra».[61] No es casualidad que la primera traducción al latín de Euclides sea de 1505.

Después de esta visión de conjunto acerca de la organización teórica de la superpotencia del siglo XVI, merece la pena detenerse brevemente en una tipología de libros nunca publicados, los relativos a la guerra naval. El hecho provoca «cierta sorpresa, si se considera lo numerosos que eran los venecianos con experiencia de vida de a bordo, la continuidad del estado de guerra o la actividad anti-corsarios, la experimentación de nuevas embarcaciones y las formas de armarlas y equiparlas».[62] En realidad, un libro listo para la impresión, pero nunca publicado, existía e incluso había tenido, aunque solo en la forma de manuscrito, amplia repercusión. Se trata de *Della militia maritima* de Cristoforo da Canal, «el más fantasioso y combativo de los comandantes de marina venecianos»[63] del siglo XVI. Este noble —los comandantes de galera eran siempre patricios— nace en 1510 y muere en 1562 a causa de las heridas sufridas en combates en el mar. Aparte de un paréntesis como superintendente en Marano Lagunare, toda su vida transcurre en la flota. Es el primero en introducir en las galeras remeros forzados en el lugar de hombres libres, y es también el primero en comandar una galera armada enteramente con este tipo de tripulación. El éxito de su idea es tal que el término *galera* («prisión») pasa de indicar un barco a designar la prisión. Cristoforo da Canal muere sin ver publicado su tratado sobre la guerra marítima, «muy admirado pero jamás impreso».[64]

Uno de los motivos que explicarían esta ausencia en la edición bélica naval podría ser el hecho de que el choque en mar abierto se evitaba siempre que fuera posible y la tarea principal de la flota consistía en transportar soldados y provisiones en apoyo de las operaciones terrestres. Y no hay que olvidar tampoco la función disuasiva: los barcos venecianos se enviaban a los puntos calientes del Mediterráneo para mostrar su bandera y dejar entender que era mejor no tenérselas que ver con ellos. Una suerte de primer *fleet in being* que caracterizaría las políticas navales hasta la Primera Guerra Mundial.

8

LA EDICIÓN MUSICAL

La imagen de una ciudad llena de laúdes y madrigales es una visión sin duda estereotipada pero no muy lejana de la realidad.

Los venecianos de la época son definidos como «conocedores de arte y buenos tañedores de laúd»[1] por el pintor Alberto Durero, mientras Cassandra Fedele, un raro ejemplo de humanista mujer, se hace famosa como poetisa y música. En 1533 nace Andrea Gabrieli, destinado a convertirse en organista de San Marcos y, junto con su sobrino Giovanni, a alcanzar la fama como uno de los músicos más reconocidos del siglo.

Los venecianos, pues, tocan instrumentos, y cantan también. La música está en el ambiente y así permanece durante siglos, de modo que cuando un insomne Richard Wagner pasea por la Venecia nocturna del siglo XIX buscando recuperar el sueño perdido, encuentra en cambio la inspiración necesaria para componer el final del segundo acto de *Tristán e Isolda* al escuchar el canto de los gondoleros. Se cantaba hasta hace muy poco; en la primera mitad del siglo XX no era infrecuente oír al lechero anunciarse con una cantilena, o al *batipalo* cantar marcando el ritmo requerido para plantar los palos de amarre en el fondo de los canales. Y si tanto se cantaba era porque conocían muy bien la música, y las compilaciones de canciones y sonatas no se reducían a un restringido consumo elitista, sino que se trataba de publicaciones bien difundidas. En consecuencia, se puede considerar que, ya en sus comienzos, la edición musical podía tener un gran futuro en el mercado interno. Y de hecho lo tenía. De no ser así, los editores habrían impreso algo distinto y no música.

Al contrario que otros sectores, que se desarrollan y en un tiempo muy breve alcanzan la cima, la impresión musical recorre un extraño camino de ida y vuelta, antes de que Venecia se convierta en su capital indiscutida. Y en este caso hay dos únicas imprentas, Scotto y Gardano, que publican «más de dos mil ediciones musicales, una cifra que representa más del producto total de todas las tipografías musicales italianas y de Europa septentrional juntas».[2] Se trata de dos dinastías de impresores: «Su contribución a la comercialización de las publicaciones musicales, junto con sus excepcionales productos, hacen de Scotto y Gardano las dos imprentas de música más importantes de la Europa renacentista».[3] Sin embargo, no son ellos los primeros en publicar música en Venecia, ni los primeros en utilizar los tipos móviles para imprimir música polifónica (mucho más complicada que el canto gregoriano). Este honor le corresponde a Ottaviano Petrucci, llamado el Gutenberg de la música.

Los primeros intentos de imprimir notas tienen lugar justo después de la primera edición de la Biblia de Gutenberg. Un par de años más tarde, en 1457, en la misma Maguncia, Johann Fust y Peter Schöffer publican un salterio con las líneas impresas con plancha y las notas añadidas a mano. Pero será el procedimiento contrario, esto es, trazar las líneas a mano y luego imprimir las notas, el que se utilizará definitivamente. El primer intento de imprimir música con tipos móviles se fecha en 1476, cuando un tal Ulrich Han publica en Roma un misal (una vez más un alemán emigrado a Italia). Pero se trata, hay que precisarlo, de canto gregoriano, un sistema de notas más sencillo que la música polifónica consistente en cuatro líneas y menos variedad de notas.

«La música litúrgica es más fácil de imprimir y por eso se desarrolla antes. La propia naturaleza del canto, con su extensión relativamente poco amplia y la escasa diferenciación rítmica, lo vuelven más sencillo para la reproducción impresa, comparado con la complejidad de la música polifónica.»[4] En el misal de Han, de todas formas, «el efecto final no es impresionante al ser el resultado de una impresión con moldes de madera, de diseño poco cuidado y dimensiones irregulares».[5]

«Entre todos los caracteres tipográficos los musicales son los más complicados. Necesitan símbolos distintos y presentan dificultades técnicas que no tienen nada en común con las de otros lenguajes especializados. Además, entre finales del siglo XV y principios del siglo XVI se utilizaban varios tipos de notación.»[6] El canto litúrgico se puede transcribir con tres sistemas distintos de notas: romana, gótica o ambrosiana. Como norma general se imprimían las líneas en rojo, luego se volvían a poner las hojas en las prensas para imprimir las notas en negro, y a menudo el interior de las notas se repasaba a mano. Incluso en la era de los incunables, Venecia se impuso; en los años ochenta del siglo XV se convierte en

> el centro mundial de la imprenta musical, publicando más de 76 ediciones, más de la mitad de todos los incunables musicales italianos. Alrededor de 17 impresores venecianos emprenden la producción de libros musicales [...]. Giunti permanece líder en la producción de libros de música litúrgica hasta 1569, cuando el papa Pío V le concede a otro impresor el privilegio de imprimir el misal tridentino.[7]

La revolución, en todo caso, está a punto de llegar, y quien la trae a Venecia es una vez más un emigrante. Ottaviano Petrucci nace en Fossombrone, cerca de Pesaro, el 18 de junio de 1466. Se revelará sin duda como «un innovador, un divulgador y de alguna forma será quien dará pie al gran florecimiento del conocimiento musical».[8] Uno de sus biógrafos traza un curioso paralelismo: en la revolución de la música, Ottaviano Petrucci es Marx (el que la concibe), mientras que Antonio Gardano es Lenin (quien la pone en práctica).[9] Sabemos poco (o casi nada) de su vida antes de que se convirtiera en impresor, con más de treinta años, a una edad bastante avanzada para los estándares de la época. Su familia no es pobre, posee tierras fuera de la ciudad, pero en 1493 Ottaviano las vende. No sabemos el motivo, ni cuándo y por qué se traslada a Venecia. Solo tenemos la certeza de que en 1498 pide a la Señoría un privilegio para la impresión de la música, de lo que podemos deducir que tenía que llevar ya bastante tiempo en la laguna. No sabemos cuándo y cómo aprendió a imprimir, algunos suponen que en Urbino,[10] pero podría haber sido en la propia Venecia, pues —y esto es seguro— es ahí donde desde 1480 se tiene noticia de la existencia de una imprenta gestionada por un conciudadano suyo, Bartolomeo Budrio, cuyos socios son Antonio della Paglia, de Alessandria, y Marchesino di Savioni, de Milán.[11] En la Serenísima vive también otro personaje originario de Fossombrone, un maestro de laúd llamado Francesco Spinacino (Petrucci le imprimirá una obra). Un tipógrafo y un músico en la ciudad donde trabajará el primer impresor de música polifónica; no existen pruebas, pero quizás no se trate solo de una coincidencia.

Entre la solicitud del privilegio y la publicación del primer libro pasan tres años, un intervalo de tiempo insólitamente largo, que tal vez se justifica con las dificultades técnicas que tuvieron que afrontar para grabar las notas y los signos necesarios para la música polifónica, colocarlos correctamente en el pentagrama y conseguir que no se movieran. No es casualidad que la polifonía se encuentre entre los últimos desafíos en el ámbito de la impresión. En cualquier caso, la publicación del primer libro musical con tipos móviles parece ser un asunto de los habitantes de Las Marcas que emigraron a Venecia, porque Petrucci fue ayudado en la composición por un tal Petrus Castellanus, al que estudios recientes han identificado con un fraile dominico del convento de los santos Juan y Pablo, que se convertirá en maestro de capilla en 1505 y morirá en 1516.[12]

El 15 de mayo de 1501 se publica el *Harmonice Musices Odhecaton* (más conocido como *Odhecaton*), una colección de *chansons*, sobre todo de compositores franco-flamencos, que según el título, mitad en latín mitad en griego, deberían ser 100, aunque en realidad son 96. El texto está compuesto con

> caracteres góticos, muy claros, impresos con una tinta negra brillante que se ha conservado inalterada en las páginas que nos han llegado cinco siglos después. Los caracteres metálicos (no se sabe si de plomo o estaño o hechos con una aleación de ambos metales) ciertamente fueron elaborados por maestros del oficio; no era difícil encontrarlos en Venecia, donde los mayores impresores daban gran importancia a la tipografía usada para sus obras.[13]

Sobreviven pocos fragmentos y una copia incompleta en Bolonia, en el Civico Museo Bibliografico Musicale. La empresa editorial tuvo que ser premiada con un éxito considerable, porque nueve meses después Petrucci publica un segundo título: «Tuvo que haber identificado la potencial demanda de ediciones impresas de música polifónica y haberse asegurado la disponibilidad de un repertorio actualizado».[14] El impresor de Fossombrone es capaz de proporcionarle al público los temas del momento y los amantes de la música se lo agradecen comprando sus ediciones.

Petrucci utiliza una técnica de impresión muy costosa: cada hoja pasa por la plancha tres veces; la primera para imprimir las líneas, la segunda para las notas y los signos, y la tercera para el texto. Utiliza caracteres muy pequeños y claros, consiguiendo una calidad incomparable; incluso las reimpresiones son de un altísimo nivel, tanto que resulta difícil distinguirlas de la primera tirada, «algo que convertía el trabajo de Petrucci en una verdadera obra maestra y a su autor en un verdadero artista»,[15] mientras que en las ediciones publicadas por otros es bastante normal que la calidad de las reimpresiones sea muy inferior. A esto hay que añadir otra dificultad: «Mientras que los libros de los demás impresores contenían relativamente pocas páginas de música, sus volúmenes están íntegramente constituidos por música».[16]

«Nadie es capaz de igualar la precisión con la que Petrucci alinea las notas en el pentagrama, ni de competir con la elegancia de sus páginas musicales. Siguiendo la costumbre de la época, Petrucci ensambla sus libros de forma que parezcan manuscritos.»[17] Pero su sistema tiene un defecto de fondo: es costosísimo. Es posible que sus volúmenes impresos tengan precios parecidos a los de un manuscrito.[18] Además, conseguir la precisión deseada, pasando tres veces las hojas por la plancha, es un procedimiento muy elaborado que requiere mucho tiempo y no permite tiradas elevadas: se considera que tan solo podrían imprimirse entre 100 y 150 ejemplares. La difusión tiene que ser forzosamente limitada a la misma élite restringida que encarga manuscritos, y la consecuencia natural no es otra que la búsqueda de métodos de impresión más económicos. Sin embargo, el negocio se presume goloso, y más de uno quiere aprovecharse de ello, como un tal Jacomo Ungaro, grabador de letras y trabajador en la oficina de Manuzio, que en 1513 pide un privilegio «por haber encontrado la forma de imprimir canto figurado».[19]

En todo caso, el éxito comercial le sonríe a Ottaviano Petrucci, y una parte de ese éxito se produce en su ciudad natal, ya que el duque Guidobaldo le concede el honor de ser elegido en el consejo de Fossombrone, al cual únicamente pueden acceder los terratenientes. En 1511 —no olvidemos que en ese momento Venecia ya no controla el estado de tierra firme, después de la derrota de Agnadello de 1509, aunque recuperará el control a partir de 1516— Petrucci decide trasladar su actividad a su ciudad de origen. En Fossombrone se dedicará a la impresión en general y no solo a la musical.

En 1513 edita la obra más importante de Pablo de Middelburgo, obispo de la ciudad, la *De recta Paschae Celebratione*, más conocida como *Paulina*, un tratado acerca de la corrección del calendario romano y los cálculos para determinar el día exacto de Pascua. Un volumen prestigioso, con decoraciones preciosas e iniciales magníficas, un texto claro, de gran efecto tipográfico, que aún hoy sorprende y se deja admirar como ejemplo soberbio de impresión hermosa. De la *Paulina* hay que subrayar la belleza del carácter, diseñado por Francesco Griffo, en aquellos años presente en Fossombrone.[20]

El impresor invierte los beneficios de la actividad tipográfica en un sector cercano, el de la fabricación de papel. Posee al menos dos fábricas de papel, una en Sora, cerca de Frosinone, y otra en Acquasanta di Fossombrone, que, aunque con varios cambios en la propiedad, seguirá activa hasta 1862. «Petrucci muere en 1539 —por lo que se sabe en Venecia— después de una existencia llena de éxitos en la intensa vida tipográfica veneciana, y luego en su ciudad natal, tras ostentar una serie ininterrumpida de cargos públicos».[21] El suyo es uno de tantos casos de hijos ilustres de Italia desconocidos: inventor de la imprenta musical de tipos móviles, merecería sin duda ser recordado con algo más que una plaza en su natal Fossombrone y dos calles, una en Urbino y otra en Fiumicino, en la provincia de Roma.

Un método de impresión musical alternativo al de Petrucci es elaborado por Andrea Antico, un músico de Montona (en aquel momento territorio de la Serenísima, hoy Motovun, en Croacia) que vive en Roma. Elabora un sistema mixto: corta las notas en moldes de madera utilizando el método de la xilografía y compone el texto con tipos móviles. Se traslada a Venecia en 1520 y allí trabaja con los mayores impresores de la época, sobre todo con Ottaviano Scotto, como entallador. Publica ediciones propias y su sistema tiene la ventaja de requerir tan solo un pase de la hoja de papel por la plancha y de poder reutilizar los moldes; sin embargo, finalmente el sistema no se revelará competitivo según el plan de costes.[22] De hecho, si bien el procedimiento de impresión es sin duda más breve, el trabajo de entalladura de las notas en los bloques de madera requiere una gran número de horas. La única diferencia sustancial con respecto a la impresión múltiple consistía en la tirada: en la misma cantidad de tiempo se podían imprimir muchas más copias. Estudios recientes estiman que el coste de un libro musical de Antico era un tercio del de uno de Petrucci, y que por tanto el impresor istriano habría podido acercarse a una producción comercial, aunque el tiempo necesario para entallar las notas limitaba la cantidad de títulos que se podían publicar. «Por un lado, estos artistas (Petrucci, Antico) producen ediciones de belleza y claridad incomparables, pero, por el otro, no consiguen satisfacer las peticiones del mercado potencial de impresión musical.»[23]

La respuesta esta vez no llega de Venecia, sino de Londres, donde por primera vez se imprime música con un solo pase de la hoja bajo la plancha. Quien perfecciona el proceso de impresión simple, entre 1519 y 1523, es un tal John Rastell, que sin

embargo nunca conseguirá materializar su intuición en un negocio provechoso. Tendrá éxito, en cambio, un parisino, Pierre
Attaingnant (o Attaignant), verdadero impresor musical que en
1528 transforma la publicación de libros con notas y pentagra-
mas en un negocio capaz de generar dinero (la impresión de libros con palabras y grabados). El método es muy sencillo: el
pentagrama se divide en secciones verticales en el interior de
las cuales se colocan notas y signos. Las diversas secciones se
montan después una al lado de la otra hasta alcanzar la medida
deseada. Evidentemente, los puntos de unión quedan a la vista
y el resultado final no tiene nada que ver con el refinamiento y
la elegancia de las ediciones de Petrucci y Antico, pero el coste
es infinitamente menor. «La apariencia estética de los primeros libros de música se sacrifica en aras de la producción masi-
va. Los libros de música pueden ahora ser publicados con costes reducidos, más rápidamente y en cantidades mayores de las
que hasta aquel momento se había imaginado.»[24] «El procedimiento es rápido y económico, y por primera vez permite unir
bajo coste y producción en grandes cantidades»,[25] y al parecer,
incluso en el caso de que las ediciones de Attaingnant fueran
más caras que los libros no musicales, las tiradas podían alcanzar siempre los mil ejemplares.

La edición musical es como una corriente eléctrica que se
propaga por Europa, pero no será hasta que llegue a Venecia
cuando sea capaz de encender la luz. Desde París a Lyon, luego
a Alemania, Núremberg, Wittenberg, Fráncfort y Augsburgo, y
en 1537 a Nápoles, para subir a lo largo de la península y aterri-
zar, un año después, en la Serenísima. «Es allí donde las poten-
cialidades comerciales de la impresión musical y en particular
del procedimiento de impresión simple se utilizan con los mejores y más fructíferos resultados [...]. El crecimiento numérico de
quien sabe leer música es un proceso que se desarrolla con el

tiempo»,[26] en una ciudad donde hay numerosos centros de enseñanza musical, tanto laicos como religiosos. Los venecianos también desarrollan una peculiar herramienta para la impresión musical; probablemente el molde de madera que encerraba la página compuesta incluía marcas o estrías para mantener las líneas musicales bien alineadas y algunos suponen que se usaban alfileres para impedir que las líneas perdieran su uniformidad.

Así pues, el ambiente es propicio. De hecho, «en la primera mitad del siglo xvi nace un mercado de coleccionistas que buscan las obras de los compositores más conocidos»;[27] mientras que al principio los editores se limitaban a describir el contenido del libro, a partir de finales de la tercera década del siglo empiezan también a especificar los nombres de los autores incluidos en las colecciones, y posteriormente a publicar libros con las composiciones de un único autor. Las academias y las sociedades literarias que proliferan en la Italia renacentista constituyen otro público importante. La Academia Filarmónica de Verona, fundada en 1543 y todavía existente, ha conservado casi intacta su biblioteca; el antiguo fondo musical incluye 230 obras impresas, en su mayoría madrigales del siglo xvi. Por último, no olvidemos que para nobles y burgueses era normal pasar la sobremesa tocando o cantando, por lo que el libro musical se convierte en un instrumento de uso cotidiano. Cuando demanda y oferta convergen, la industria de la impresión musical pasa de una fase artesanal a un periodo de gran expansión comercial. Es el periodo en que las dos grandes dinastías de editores musicales, los Gardano y los Scotto, publican en aproximadamente tres décadas más de 850 ediciones, «un número que sobrepasa la producción de todos los demás impresores musicales de Europa juntos».[28]

Quien lleva a Venecia el nuevo sistema de impresión musical es un francés, Antonio Gardano. Pero antes de hablar de él, veamos quién era Ottaviano Scotto, el primero de la otra dinastía de editores musicales que lo precede en el tiempo. Scotto nace en Monza, cerca de Milán, y en los años setenta del siglo xv abre en Venecia su primera tienda, en San Samuele, zona hoy conocida porque alberga el palacio Grassi, sede de la Fundación Pinault y de prestigiosas exposiciones. Publica también ediciones no musicales y es un importante innovador: «Es el primer impresor que usa formatos en cuartos y en octavos para libros litúrgicos. Estas dimensiones reducidas no solo hicieron que las obras religiosas estuvieran al alcance de muchos más bolsillos, sino que también permitieron a los eclesiásticos llevarlas consigo, mientras que los grandes volúmenes *in folio* se quedaban en los atriles».[29] Scotto es el primer italiano en utilizar los tipos móviles para la música litúrgica e imprime con dos pases bajo la plancha: uno para las líneas en rojo y otro para las notas en negro.

Ottaviano Scotto muere el 24 de diciembre de 1498 y es enterrado en San Francesco della Vigna. La lápida todavía hoy se puede ver en el suelo del claustro del convento franciscano (en cuya biblioteca se conserva el ya mencionado primer Corán). La actividad continúa con Ottaviano II, pero el auge llega con Girolamo, que permanecerá a la cabeza de la casa Scotto durante treinta y seis años.

Activo como editor, librero y compositor desde 1536 hasta 1572, año de su muerte, Girolamo imprime más de 400 publicaciones musicales con un amplio repertorio que va de misas y motetes a madrigales, canciones y música instrumental de todos los mayores compositores de la época. La influencia de los Scotto como editores va más allá de la música, extendiéndose a otros ámbitos, como la filosofía, la medicina y la religión, en los cuales publicaron un número de libros igual al de los textos musicales.[30]

Girolamo es un personaje primordial de la Venecia de su época, tanto que asume comportamientos típicos de los patricios, invirtiendo en el sector de la agricultura los beneficios de su comercio (librero, en su caso). Los Scotto tienen propiedades en Venecia, Padua y Treviso. La dinastía se extingue en 1615, con el hijo natural de Melchiorre Scotto, Baldissera. Cuando este último muere, ni es enterrado en la tumba familiar de San Francesco della Vigna ni puede ser titular de los derechos de herencia y, en consecuencia, las propiedades se subastan.[31] «Durante sus ciento treinta y cuatro años de actividad, la casa Scotto publica más de 1.650 ediciones, un resultado que iguala o supera el de los demás grandes impresores venecianos. Los Scotto ya no era solo una importante tipografía veneciana, sino que se contaban entre los editores más famosos de la Europa renacentista.»[32]

Del otro gran personaje, Antonio Gardano, sabemos poquísimo antes de que empiece su carrera de impresor en la laguna, en 1538. Es francés (todas sus ediciones estarán firmadas con Gardane hasta 1555, cuando italianiza su apellido en Gardano, aunque continúa firmando Gardane en las actas notariales),[33] pero no sabemos de dónde, quizá del Mediodía (cerca de Aix-en-Provence existe una pequeña ciudad llamada Gardanne). Debió de aprender el arte de la imprenta en París o en Lyon, más probablemente en esta última ciudad porque allí, en 1532, publica con veintidós años su primera composición, una misa, en un volumen misceláneo. Cuando llega a Venecia no es un impresor, sino un músico; de hecho, es descrito como «músico francés», y en una carta se habla de una escuela de música que habría dirigido. Seguirá componiendo durante toda su vida, pero únicamente publicará una tercera parte de sus trabajos. Abre una tienda en la calle de la Sìmia (del Mono), en Rialto (ya no existe, durante los cambios del siglo XIX se amplió y se transformó en la calle Mazzini), y la primera obra que imprime no es una edición musical, sino una colección de cartas, las *Pistole vulgari* de Nicolò Franco, por entonces secretario de Pietro Aretino. Que entre el polemista del siglo XVI y su excolaborador no había buena relación se deduce de la carta del 7 de octubre de 1539 que Aretino dirige a Lodovico Dolce expresando su desprecio hacia el pobre Franco: «El sodomita, de escritor de mis cartas, se convirtió en émulo, y así hizo el libro que, al no venderse ni uno, ha arruinado al Gradana francés, que le prestó el dinero para imprimirlo».[34] Aretino exagera, las *Pistole* no habrían funcionado tan mal si Gardano las reimprimió en 1542. De la carta inferimos algo más: la confirmación de que el impresor es de procedencia transalpina y que en aquellos tiempos no era tan inusual una asociación entre editor y autor.

En lo que concierne a este último aspecto, tenemos muchas noticias de varias formas de colaboración entre editores. Es bastante común que impresores y libreros de otras ciudades italianas, donde faltan herramientas especializadas para la imprenta musical, encarguen ediciones a los venecianos. Incluso un centro de primera magnitud como Florencia no tiene un impresor especializado en música hasta los años ochenta del siglo XVI.[35] También podía darse el caso de ediciones que requirieran colaboraciones, como la impresión de una obra por cuenta de la Curia Romana, en 1516, en la que Ottaviano Scotto se encarga de financiar la publicación y se ocupa de la distribución y venta de los 1.008 ejemplares de tirada, Andrea Antico compone el texto musical y graba las xilografías, y Antonio Giunta se encarga de la impresión; sin embargo, este último no es socio directo, sino que es remunerado por la prestación.[36] Son los propios compositores quienes entienden cuán profunda es la influencia de la industria editorial «e intentan utilizarla en su beneficio de diversas formas: buscan con celo impresores

fiables y competentes que puedan imprimir veloz y correctamente sus trabajos, como sabemos por Heliseo Ghibel, quien le
agradece a Ottaviano Scotto haber publicado sus motetes».[37]
Y no podemos olvidar la importancia de la música religiosa, por
ejemplo «la comunidad monástica de San Giorgio Maggiore en
1565 paga quinientas liras al impresor veneciano Girolamo Scotto para producir 500 ejemplares de una edición musical».[38]

Pero volvamos a Antonio Gardano, que en el mismo 1538 publica su primer libro musical, *Venticinque canzoni francesi*, momento a partir del cual se dedicará a la edición musical. También ese año se casa con la hermana de Stefano Bindoni, famoso
librero veneciano[39] (como muestra del machismo reinante,
siempre conocemos los nombres de padres y hermanos de las
mujeres mencionadas en los documentos, pero nunca el de
ellas). La pareja tendrá seis hijos, cuatro varones y dos mujeres.
El éxito de la actividad editorial del francés viene corroborado
por el hecho de que en 1548 traslada la imprenta a la calle Mercerie, tanto entonces como hoy la arteria comercial más importante de la ciudad. Antonio Gardano muere el 28 de octubre
de 1569 a los sesenta años, como nos relatan los *Necrologi di sa-
nità*, conservado en el archivo de los Frari, en Venecia. Su lápida aún se puede ver en el suelo de la iglesia de San Salvador
(donde también se encuentra la de la reina de Chipre, Caterina
Corner). El negocio de impresión ha evidentemente enriquecido a la familia: el testamento cita 54 campos en los territorios
de Mirano y de Camposanpietro (hoy en las provincias de Venecia y de Padua), una casa en Padua, además de aquellos bienes
de lujo que volvían locos a los venecianos del tiempo: alfom-
bras, candelabros, espejos, preciados tejidos, veinte camisas de
hombre, almohadas, manteles, por un total de 1.200 ducados.
En comparación, el sueldo anual en el mismo periodo del maestro de capilla en San Marcos es de 200 ducados. Si es cierto,

como escribe Aretino, que Gardano en 1539-1540 corría el riesgo de quebrar, ese hecho supone que en treinta años acumuló una notable fortuna imprimiendo ediciones musicales.[40]

La peste de 1575-1577 (cuando muere una cuarta parte de la población y la Señoría, como voto, le encarga a Andrea Palladio la iglesia del Redentor, en la Giudecca) inflige un golpe durísimo a los Gardano, que pasan de las dieciséis ediciones de 1576 a las tres del año siguiente (los Scotto pasan de dieciséis a cinco). De 1575 a 1611 Angelo Gardano produce al menos 813 ediciones musicales, doblando los resultados de su padre. Muere con setenta y un años, el 6 de agosto de 1611. La actividad es continuada por su yerno, Bartolomeo Magni, y sigue durante casi todo el siglo con el nombre de Magni hasta que, en 1685, desaparece junto con la herencia de los Gardano.

No se sabe cómo era al principio la relación entre Scotto y Gardano, pero algún contemporáneo deja entrever que era como la de dos gallos en un gallinero, es decir, pésima, con los impresores pirateándose recíprocamente ediciones. Pero ya en 1541 se registra un acercamiento y más tarde Scotto y Gardano publican a menudo ediciones con contenidos parecidos, si no idénticos, hasta cuando «parecen haber alcanzado alguna forma de acuerdo a mitad entre competencia y cooperación».[41] La colaboración entre los dos durará mucho tiempo.

«El beneficio de la edición musical no deriva tanto de la imprenta de los libros como de su distribución. Los Scotto y los Gardano, comerciantes exitosos, mantienen un eficiente sistema de comercialización que comprende una amplia red de editores, impresores y libreros que se extiende mucho más allá de las fronteras de la república véneta.»[42] Las dos grandes casas venecianas envían por Europa a los *procuratori*, en términos modernos se llamarían agentes, con el encargo de vender libros y organizar el transporte. En esta red de relaciones tan extendida, que se sitúa en la base del comercio bibliográfico europeo, las relaciones familiares ayudan mucho y en consecuencia es bastante común que los agentes más importantes sean parientes más o menos cercanos de los editores. Al ser ricos comerciantes, los Scotto y los Gardano también actúan como negociadores para el transporte de obras publicadas por pequeños impresores de la ciudad.

Hemos mencionado las posibilidades del comercio del libro, pero conviene volver al tema para comprender sus dimensiones. En Venecia la población residente puede absorber entre 500 y 1.000 ejemplares por cada edición musical, una cifra ya de por sí suficiente para justificar la publicación. Y en la ciudad ya entonces había numerosos turistas, en su mayoría peregrinos a la espera de embarcar hacia Tierra Santa. Con toda probabilidad, uno de estos es la alemana Maria Pfaffenperg, que orgullosamente escribe en su libro de música: «Año 1577. Este libro me pertenece».[43] Otras posibilidades comerciales se presentan en Nápoles y Sicilia, lugares fácilmente accesibles por mar, mucho más que otras ciudades del norte por tierra. Dan testimonio de ello las numerosas ediciones de Scotto y Gardano aún hoy conservadas en las bibliotecas de Nápoles, Mesina y Palermo: los impresores venecianos «dominaban la edición musical italiana».[44] Y luego hay que subrayar el fundamental mercado de Europa central y septentrional. El elenco de las ediciones musicales en los catálogos de la feria de Fráncfort de 1565 muestra que 32 ediciones procedían de Venecia, 1 de Roma, 1 de Lovaina y otra de Wittenberg.[45] En definitiva, prácticamente un monopolio, con composiciones tanto sagradas como profanas, signo de que también la Europa del norte apreciaba las *canzonette*, esto es, los madrigales de la Europa meridional, al menos en lo que a las misas cantadas se refiere.

Hasta la tercera década del XVI la vía principal para alcanzar los mercados del norte era la marítima, y era la que seguía la así llamada Muda de Flandes, que hacía puerto en Southampton antes de llegar a su destino final, precisamente Flandes. Se llamaban «mudas» a las escoltas de galeras mercantiles en las líneas fijas de navegación (por ejemplo de Alejandría, Siria, Rumanía), que cada año el gobierno subastaba. La Muda de Flandes dejó de operar porque las aguas en las que navegaba estaban llenas de piratas y se sustituyó con líneas de tierra más costosas pero más seguras. Así, los libros, y todos los demás bienes, navegan todo lo que pueden por los ríos Adige y Po, hasta los puntos de transbordo hacia los pasos alpinos más importantes: Brennero, San Gotardo, Gran San Bernardo. Las nuevas rutas de tierra no le impedirán al comercio del libro veneciano ser durante mucho tiempo el más importante de Europa.

9

EL CUIDADO DEL CUERPO: MEDICINA, COSMÉTICA Y GASTRONOMÍA

El primer libro de cocina con lugar y fecha de publicación seguros, el primer texto impreso de cosmética, los volúmenes necesarios para que los médicos de la época aprendieran las bases de la profesión: son otros récords de la edición veneciana de finales del siglo XV y principios del siglo XVI. Medicina, cosmética y gastronomía comparten el cuidado del cuerpo y aún hoy ocurre que, en algunos casos, se superpongan (baste con pensar en las dietas); natural que se entrecruzaran aún más cuando con el fin de curar se utilizaban hierbas y pociones, y a los alimentos se les atribuían propiedades curativas que a menudo no tenían. Y si aclararse el pelo —actividad fundamental, como veremos, entre las damas venecianas— no tenía implicaciones médicas, existían en cambio pomadas y ungüentos que podían servir tanto como cura para algunas enfermedades como para tratamientos de estética.

El de los libros de medicina es un gran negocio, seguro y de largo alcance: si hay médicos, también son necesarios textos para que aprendan la profesión y se mantengan al día. Por tanto, no sorprende que los impresores venecianos se sumerjan en cuerpo y alma en el sector, atentos como están a todo lo que pueda generar un beneficio económico. Ya en la era de los incunables, la producción de volúmenes médicos resulta más bien extensa, y en el siglo XVI crece aún más, a medida que las diversas especialidades se van diferenciando unas de otras. Al principio se imprimen sobre todo las obras manuscritas de la Antigüedad clásica y de los más importantes maestros medievales,

luego empiezan a salir de las prensas las ediciones de los tratados compilados por médicos contemporáneos.

Para hacernos una idea de la edición médica en la Venecia renacentista, debemos empezar por el padre de la medicina, Hi-
pócrates; su *Corpus* —una colección de setenta obras en griego
antiguo (muy probablemente no todas suyas)— circula manuscrito durante siglos y en 1526 es impreso en griego en la imprenta de los herederos de Manuzio y de Andrea d'Asola (el año
anterior habían publicado en griego también la obra de Galeno). El *Corpus* hipocrático ya había aparecido en latín en Roma
en 1525, aunque ya hacía más tiempo (Venecia, 1508) que habían sido impresos algunos extractos.

Junto a las obras de autores clásicos, despiertan mucho interés entre los tipógrafos las de los maestros de la medicina
medieval y árabe, como Bruno da Longobucco; *La cyrogia del
maistro Bruno* se publica en 1498 y es un inmediato éxito editorial, tanto que hasta 1549 llegan a hacerse cinco reimpresiones. Bruno da Longobucco (o Longoburgo) nace a principios
del siglo XIII en el pueblo homónimo de Calabria. Es él mismo
quien lo revela, al final de su obra principal, la *Chirurgia magna*, uno de los tratados de medicina más consultados de la
Edad Media. Acaba de escribirlo en enero de 1253, en Padua,
donde probablemente enseña en la universidad; allí termina
también la *Chirurgia parva*, un compendio de la obra mayor.
La *Chirurgia magna* se traduce luego al italiano, francés y alemán, y en hebreo incluso tiene dos versiones, una del judío
veronés Hillel ben Samuel y otra del judío español Jacob ben
Jehuda. La obra es un verdadero manual de estudio donde
Bruno da Longobucco relata no solo «lo que ha aprendido de
la cirugía clásica y especialmente árabe [...], sino que informa
acerca de intervenciones y técnicas quirúrgicas experimentadas por él mismo por primera vez».[1] Es también el primero

entre los médicos cristianos que aborda el tema de la castración humana.

Otro personaje de gran relevancia, Guglielmo da Saliceto, explica en su tratado sobre cirugía cómo curó con éxito, en Bérgamo y en Pavía, a dos soldados tan gravemente heridos que habían sido dados por muertos. La fama del hombre de medicina es grande y el éxito de su manuscrito proporcional a ella. Guglielmo nace en Saliceto di Cadeo, cerca de Piacenza, alrededor de 1210; enseña en Bolonia y ejerce en varios lugares hasta que, en 1275, lo encontramos como médico asalariado del Ayuntamiento de Verona. Conocemos esta noticia porque el mismo año, y precisamente en la ciudad véneta, acaba de escribir su *Chirurgia*, que será impresa por primera vez en lengua vulgar en 1474, en Venecia, y en latín, dos años después, en Piacenza. La obra inaugura la tradición «de la medicina como ciencia que no es un simple arte mecánico, sino la unión de teoría y práctica».[2]

El médico francés Guy de Chauliac, nacido en un año impreciso entre 1280 y 1300, enferma durante la terrible epidemia de peste negra de 1348 y describe los síntomas de la enfermedad después de haberse curado, distinguiendo entre la peste bubónica y la pulmonar. Admira a Bruno da Longobucco, defendiendo que se trata de uno de los médicos más importantes del siglo XIII, y es el continuador de la práctica médica elaborada por Guglielmo da Saliceto. El *De cirogia* de Chauliac, italianizado como Guido Cauliaco, se publica por primera vez en italiano en Venecia, en 1493, y las numerosas reimpresiones demuestran que se convirtió enseguida en un texto de referencia. Un alumno suyo, el boloñés Pietro Argellata, «excelente cirujano, hábil en las operaciones de las hernias, de las enfermedades de los riñones, del cráneo, de los huesos (resecciones)»[3] escribe la *Cirurgia*, donde habla de úlceras, fracturas del cráneo, hernias, heridas, verrugas, y argumenta que la médula ósea está destinada a nutrir los huesos y a evitar que se rompan. La obra se hace famosa en poco tiempo la primera edición está fechada en 1480 en Venecia, donde ya en 1497 aparecerá la segunda edición.

En este ámbito de la publicación de los maestros medievales se coloca también el primer libro de medicina ilustrado, el llamado *Fascicolo Ketham*, que sale de la imprenta en febrero de 1494 (1493 según el calendario veneciano; en Venecia el año empezaba el 1 de marzo). El *Fasciculus Medicinae* está formado por seis distintos tratados médicos impresos y encuadernados juntos por primera vez en 1491, en Alemania. Toma su nombre del médico alemán Johannes de Ketham, que era simplemente el dueño del manuscrito. La edición veneciana se traduce en lengua vulgar y es ilustrada por grabados a página entera, a veces algo inquietantes, como cuando se ve a un especialista en anatomía patológica que se prepara para diseccionar un cadáver con un instrumento que hoy consideraríamos más apropiado en las manos de un carnicero. Estas imágenes tendrán una influencia enorme en la edición médica de toda Europa; las ilustraciones de los libros de tema sanitario hasta mediados del siglo XVIII serán más o menos reproducciones de las del *Fascicolo*. El padre de la anatomía moderna, Andrea Vesalio (el flamenco Andreas van Wasel), aunque enseñe en Padua, imprime en Basilea en 1543, la primera edición de su obra fundamental, *De humani corporis fabrica*. En Venecia había publicado cinco años antes, en 1538, seis tablas anatómicas que reproducían los dibujos con los que se ilustraba la disección de los cadáveres.

A finales del siglo XV también los principales autores árabes se convierten en referencias entre los impresores venecianos. Ya en 1479 se publica el *Breviarum medicinae* de Yuhanna bin Serapion, llamado Serapión el Joven y otro texto fundamental, el tratado de Ali ben Abbas, aparece en 1492. La obra de Abu-Bakr

Muhammad ibn Zakariya al-Razi, la *Hystoria d'Almansore philo-sopho*, es importante no solo para la historia de la medicina, sino también porque el libro —dedicado al sultán Al-Mansur, de ahí Almansore— había sido traducido en verso por un médico veneciano que probablemente se llamaba Arcibaldo, llamado Cibaldo. Su trabajo de traducción, el Gran Cibaldo, se convierte en el *Cibaldone*, de donde deriva el término «zibaldone», que, gracias a Giacomo Leopardi, aún se usa hoy en día. Se trata de una extensísima colección de consejos, prescripciones y reglas médicas, hasta el punto de que con la palabra zibaldone se indicaban en aquella época las recetas preparadas con una gran cantidad de ingredientes.

Ciertamente, Venecia no es uno de los centros principales del ejercicio del arte médico (Bolonia y Padua la superan), pero tampoco es irrelevante, sobre todo porque existe una gran demanda de médicos para los barcos militares y porque los doctores venecianos a menudo prestan servicio en el extranjero, en las representaciones diplomáticas de la República de San Marcos. Por ejemplo, Giulio Doglioni, profesor de Medicina en el Estudio de Padua, que muere ejerciendo sus funciones durante una epidemia de peste en Alepo, donde estaba trabajando para el consulado veneciano; o Cornelio Bianchi, de Marostica, destinado en el consulado de la Serenísima en Damasco, Siria, en el bienio 1542-1523, y que será célebre por haber curado a los enfermos de peste venecianos en 1576.[4]

Entretanto, se empiezan a publicar las obras de médicos contemporáneos, como las de Alessandro Benedetti, el fundador de la escuela anatómica de Padua, que hace construir el primer anfiteatro anatómico, de madera y desmontable, y que se distingue porque para sus clases solo utiliza cadáveres, rechazando diseccionar a los condenados a muerte, como a menudo ocurría en aquella época.

Benedetti nace en Padua y allí se licencia en 1450. Pasa unos quince años entre Creta y Modona, en el Peloponeso, en las posesiones griegas de la república véneta, y tras volver a su ciudad natal enseña medicina práctica y anatomía. Se convierte en médico jefe de la coalición formada por Venecia, Milán y Mantua, que se enfrenta al francés Carlos VIII en Fornovo (6 de julio de 1495), y Aldo Manuzio publica sus informes en 1496 bajo el título *Diaria de bello carolino*. Después de la guerra vuelve a enseñar en Padua, luego se traslada a Zara y muere en Venecia el 31 de octubre de 1512. Su mayor mérito científico es «haber sabido despertar un nuevo interés por las investigaciones anatómicas [...]. Sus clases sobre la constitución del cuerpo humano atraían siempre a un gran público»,[5] tanto que incluso el emperador Maximiliano I quiso asistir. Su *Historia corporis humanis*, importante sobre todo en lo que respecta a la anatomía, se imprime en Venecia en 1493 y se publica en diferentes ediciones, entre ellas las de París (1514) y Colonia (1527), y luego en volúmenes compilatorios con otras obras y con títulos diferentes.

Girolamo Fracastoro, médico humanista veronés relacionado con las principales figuras de su tiempo —Pietro Bembo, Andrea Navagero, Aldo Manuzio—, nace entre 1476 y 1478, se licencia en Padua y alcanza el cenit de su carrera cuando es nombrado médico del Concilio de Trento en 1545, y es su informe médico, firmado junto a Balduino de' Balduini, el que determina su traslado a Bolonia debido a la propagación de una epidemia de tifus petequial. Su primera obra impresa, *Syphilis sive de morbo gallico*, se publica de forma clandestina y fraudulenta en Venecia para luego ser impresa, en una edición correcta y oficial, en Verona en 1530. En este trabajo se establece de forma definitiva el nombre de la enfermedad, sífilis, aún utilizado en la actualidad. La obra completa será publicada póstumamente por Giunta en Venecia en 1555. Gabriele Falloppio (o Falloppia) es el médico renacentista más conocido entre los ginecólogos, por haber dado el nombre a las trompas que conectan el ovario con el útero. Natural de Módena, se ocupa de la anatomía, estudia la peste y la sífilis y, tras ser llamado al Estudio de Pisa por Cosme I de Médici, experimenta con los venenos (les suministraba opio a los condenados a muerte y fue acusado de practicarles la vivisección). A los veintiocho años, en 1551, se traslada a Padua, donde permanecerá hasta su muerte en 1562. Sus obras se empiezan a imprimir, utilizando los apuntes de sus alumnos, en 1563 en Venecia (sobre las úlceras y los tumores) y en Padua (sobre la sífilis).

El padre de la moderna medicina deportiva y de la fisioterapia es Girolamo Mercuriale. Su *Artis gymnasticae* aparece en 1569, impreso por Giunta. Mercuriale, que había nacido en Forlì en 1530, enseña en Padua y se convierte en un médico muy famoso, tanto que en 1573 lo convocan en Viena para curar al emperador Maximiliano II. Comete un gravísimo error cuando, en 1576, es llamado a Venecia por el Senado y niega, en abierta y encendida polémica con los médicos venecianos, que la epidemia desatada sea de peste bubónica; se equivoca y, finalmente, el balance será de más de 50.000 muertos, es decir, un tercio de la población. Sin embargo, el error no le cuesta el empleo, es más, será reconfirmado e incluso le aumentarán el suelo. Sus clases sobre la peste serán recopiladas y publicadas por un alumno (la mayoría de las obras que nos han llegado son recopilaciones de clases impresas por estudiantes). Se ocupa de la pediatría (suyo es el primer tratado sobre la lactancia), la dermatología (escribe la primera obra que clasifica las enfermedades cutáneas) y la toxicología (se convierte en uno de los mayores expertos en venenos de su tiempo), pero la que trata de la gimnasia es su obra más conocida y más original, fruto de casi siete años de estudios e investigaciones en los museos y bibliotecas de Roma. La obra es el primer tratado completo de gimnasia médica; en él se relaciona la gimnasia de los antiguos con la de los modernos, de la cual Mercuriale es el verdadero precursor. Su gimnasia es examinada tanto desde el punto de vista histórico como del médico propiamente dicho, y más generalmente higiénico.[6]

Muere en su Forlì natal en 1606.

También la cirugía militar tiene un padre en el siglo XVI, el veneciano nacido en 1515 (o quizás en 1509) Giovanni Andrea Della Croce. Su destino parece marcado de antemano: su abuelo era cirujano en Parma y su padre barbero (en aquel tiempo los barberos practicaban la medicina en algunos casos sin tener estudios). No es seguro que Della Croce se licenciara en Padua, pero probablemente se presentara a los exámenes para entrar en el Colegio de Cirugía de Venecia. Lo destinan a Feltre y, después de ocho años, regresa a la Dominante, donde es nombrado médico de la flota. Gracias a su experiencia en los barcos militares se especializa en el cuidado de heridas por arma de fuego en el vientre. Publica un primer tratado sobre este tema en 1560, que luego se incluye en su obra mayor, impresa en 1573 en latín, bajo el título de *Chirurgia universale e perfetta*, y al año siguiente en lengua vulgar (no olvidemos que 1571 es el año de la batalla de Lepanto y por tanto el interés por la medicina de guerra es altísimo); de la edición en latín se hacen dos reimpresiones, y de la publicación en lengua vulgar, tres. La fama del cirujano militar veneciano traspasa los Alpes y su obra es traducida a distintos idiomas. Muere en Venecia en 1575, probablemente de peste.

El primer gran tratado de farmacología de la edad moderna es el que escribe el médico Pietro Andrea Mattioli, nacido en

Siena en 1501, que traduce e incorpora la obra del griego Dioscórides Pedanio. Este, originario de Cilicia, activo en el 60 d.C., es quizás el médico más importante de la Antigüedad, hasta el punto de que Dante lo coloca en el limbo. Sus cinco libros, la más completa recopilación de remedios medicinales de la edad clásica, están divididos en 827 capítulos y describen 625 especies de plantas, 85 de animales y 50 de minerales. La primera edición impresa es la griega de Aldo Manuzio, en 1499. Pero es Mattioli quien la transforma en la auténtica piedra fundacional de la farmacia tal como hoy la conocemos. Durante los trece años en que reside en Gorizia la traduce y la amplía, añadiendo todos sus conocimientos en el campo farmacológico. Es el propio Mattioli quien solicita a la Señoría el privilegio para la primera edición traducida y ampliada, que Nicolò de' Bascarini imprime en Venecia en 1544. Se trata de uno de los mayores éxitos editoriales del siglo, llegándose a distribuir 32.000 ejemplares en 13 ediciones.[7] El médico de Siena, tras huir de Roma después del saqueo de 1527, se refugia en Trentino y luego, precisamente, en Gorizia. La primera edición revisada de la obra de Dioscórides se imprime sin ilustraciones, que en cambio aparecen a partir de la tercera (1550) y son sustituidas por grandes grabados en la undécima. El texto genera numerosas traducciones, en francés, checo y alemán, además de en latín, y varias ediciones piratas, a menudo llenas de errores. «El libro es el texto botánico-farmacéutico más conocido del siglo xvi [...] con la descripción de las virtudes medicinales de centenares de nuevas plantas, una buena parte de las cuales desconocidas porque son importadas desde Oriente y las Américas y otras directamente recogidas por Mattioli en sus investigaciones en Val di Non y Monte Baldo»,[8] hoy en las provincias de Trento y Verona, respectivamente. Evidentemente, el texto de referencia de la farmacia moderna resulta sospechoso en algunos aspectos, por ejemplo cuando sugiere que se utilicen telinas se-cadas, trituradas y bañadas en licor de cedro para impedir que las pestañas que vuelvan a crecer, o cuando indica como reme-dio para cólicos y dolores de vesícula caracoles asados, tritura-dos con su cáscara, mezclados con vino y mirra, o testículos de hipopótamo secados y triturados para neutralizar las picaduras de serpientes; ratas domésticas asadas, pulverizadas y añadidas a las papillas de los niños para prevenir los excesos de saliva-ción y un enema de siluro hervido para la ciática. En todo caso, la carrera de Mattioli se beneficia enormemente de la difusión de su libro, tanto que Fernando I de Habsburgo lo llama a la corte de Praga como médico personal de su segundogénito. Ig-noramos si llegó a administrarle lavativas de siluro, pez muy abundante en el Moldava.

Si aún hoy farmacología y cosmética se superponen en algu-nos casos, imaginemos cómo sería en el siglo XVI. Venecia, está bien subrayarlo, no constituye solo la cuna de la edición cos-mética, sino también la de la cosmética en general. Los polvos (*cipria* en italiano) no son otra cosa que «los polvos de Chipre», como los llama Eustachio Celebrino en su tratado de 1525, uno de los más importantes textos de cosmética del siglo (la isla será veneciana hasta 1571). Y las señoras que en la actualidad se aclaran el pelo con mechas probablemente no saben que son las herederas de una práctica que nació en la Venecia renacentista. Una de las obligaciones estéticas de las damas del siglo XVI era tener el pelo de un tono rubio cobrizo para resultar atractivas y deseables a los ojos del resto de Europa; por eso Tiziano Vecellio pintó las melenas femeninas de un color que a partir de enton-ces se llamará «rubio Tiziano». Para conseguir el tan deseado tono, las hijas de la buena sociedad veneciana pasaban durante el verano horas y horas en las *altane* (plataformas de madera puestas en los techos y usadas para secar la colada), vestidas

174

tan solo con una ligerísima túnica blanca, con un sombrero sin visera (llamado *solana*) y una esponja en la mano con la cual se mojaban constantemente el cabello para que se secara al sol. Es de suponer que al principio el líquido utilizado era simple manzanilla, eficaz para aclarar las melenas, pero los tratados de cosmética dan cuenta de mezclas cada vez más complicadas —y quién sabe hasta qué punto eficaces—, como el agua para cabellos rubios del arriba mencionado Celebrino, o la receta ofrecida en 1562 por Giovanni Marinello —hervir en agua clara ceniza de vid con cebada—, a las cuales, si se desea, se puede añadir madera de regaliz triturada y madera de cedro, hasta llegar, a finales de siglo, a malolientes mezclas con ingredientes cada vez más improbables, como estiércol de paloma, sangre de tortuga o mosca cantárida hervida[9] (que un siglo y medio más tarde Giacomo Casanova usará, secada y pulverizada, como afrodisíaco).

De Eustachio Celebrino se sabe poquísimo, al margen de las noticias que se deducen de sus publicaciones, como que es originario de Udine y que presumiblemente nace a finales del siglo XV. Se traslada a Perugia, donde graba xilografías para un impresor local; sabemos que en 1523 se encuentra en Venecia para trabajar en un manual de caligrafía. En 1525 escribe y publica un «opúsculo enteramente caligráfico».[10] Se dedica a obras «francamente comerciales que se proponen conquistar la atención del público con argumentos atractivos, como la salud, la urbanidad, las lenguas extranjeras».[11] Así, junto a un manual de conversación en turco y uno para poner la mesa, ambos aparecidos el mismo 1525 del texto caligráfico, publica también el que puede ser considerado el primer texto de cosmética de nuestra era, la *Opera nova piacevole la quale insegna di fare varie compositioni odorifere per adornar ciascuna donna* (una copia se conserva en la biblioteca de Rovereto). Este también es un tratado mixto que proporciona indicaciones precisas sobre cómo curarse la sífilis, llagas y heridas, mientras «los varios ungüentos o aguas perfumadas eran indicados por Celebrino para "hacer o conservar el rostro hermoso" o "para untar las manos y volverlas bellísimas", "para tonificar y realzar el rostro" para que "la piel no se arrugue". Es interesante notar cómo [...] los cánones estéticos no eran para nada distintos de los actuales».[12] Los remedios se utilizan de hecho para eliminar arrugas, blanquear los dientes y fortalecer las encías, refrescar el aliento, hacer crecer el pelo y evitar que salgan canas, realizar una depilación definitiva o hacer crecer la barba a los chicos deseosos de convertirse en adultos. No falta una receta *ad resteringendum vulva*, probablemente dirigida a las cortesanas que necesitaban tonificar la parte del cuerpo que les proporcionaba el sustento.

La cosmética, en todo caso, no es exclusiva del sexo femenino, también la utilizan «los Ganímedes que se peinan como mujeres, se hacen rizos definidos y se ponen miles de perfumes en las suaves mejillas, para que los avispones corran hacia la miel», como escribe Tommaso Garzoni en su *Piazza universale di tutte le professioni del mondo*, impreso en Venecia en 1535, testimoniando que el tercer sexo y los travestis eran muy apreciados ya entonces.

Giovanventura Rosetti, nacido en la laguna pero de familia originaria de Vicenza, publica en 1540 uno de los primeros tratados de química que se conocen, dirigido a los que teñían tejidos, actividad muy difundida en Venecia y muy lucrativa, considerando que los paños rojos de la Serenísima eran los más apreciados en Europa y en Oriente. Sin embargo, su mayor éxito editorial son los *Notandissimi secreti de l'arte profumatoria*; después de la primera edición de 1555 se publican tres más, la última en Venecia en 1678, claro indicio de que, entre las señoras de la época, estaba muy de moda arreglarse y perfumarse siguiendo las indicaciones de Rosetti.

El ya citado Marinello publica en 1562 un tratado de cosmética de 319 páginas, *Gli ornamenti delle donne*, que proporciona la receta de jabones para limpiar las manos y explica cómo evitar los ojos rojos con sangre de paloma; también describe un ungüento que tiñe los labios de rojo y otro que elimina la caspa.

La Venecia renacentista, además de ser la capital de la edición de los cuidados médicos y cosméticos, se convierte también en la capital de la edición de los libros que se ocupan de lo que se ingiere, proporcionando cuidado o placer al cuerpo; no hay otro lugar donde se publiquen tantos libros de gastronomía.

En el siglo XVI, Italia presencia, en el campo de las artes de la mesa, una actividad editorial que no tiene igual en ningún otro país europeo y que no volverá a conocer durante siglos. Estas obras, que sobre todo tratan del servicio en la mesa y de la organización de banquetes, son en cierto sentido la versión técnica de una literatura «didáctica», fundada en los valores dominantes de la corte, ocupada en forjar a un hombre superior cuyo modelo es definido por Baltasar Castiglione en su *Cortesano* (1528), libro de culto de la aristocracia europea, que tuvo un enorme éxito con no menos de 38 ediciones aparecidas durante todo el siglo, solamente en Italia.[13]

Merece la pena dedicarle unas líneas a esta obra, publicada por primera vez en la imprenta de los herederos de Manuzio y Andrea d'Asola. Es un tratado en forma de diálogo en el cual los protagonistas (uno es Pietro Bembo), durante una noche en el palacio del duque de Urbino, explican cómo debería comportarse el perfecto caballero: noble de sangre, vigoroso, experto en armas y en música, poeta, hábil conversador, capaz de apreciar la pintura y la escultura. «También es conveniente que sepa nadar, saltar, correr, lanzar piedras», su voz tiene que ser «sonora, clara, suave y timbrada», escribe Castiglione. Y, además, es necesario que el cortesano «sea discreto en cada acción, y que siempre acompañe con prudencia lo que dice o hace». Todo esto, naturalmente, siempre en un marco de donaire y elegancia. Los mismos principios también se aplican a la dama de palacio.

El volumen cosecha un éxito asombroso y se convierte con toda probabilidad en el libro más traducido del Renacimiento. Se traduce a seis idiomas y se imprime en veinte ciudades europeas. La traducción francesa, de 1537, cuenta con el respaldo personal de Francisco I, que lo lee y lo considera el modelo en el que tiene que inspirarse su corte. La versión en inglés de 1561, a cargo de sir Thomas Hoby, influye profundamente en la corte de Londres.

Pero volvamos a los textos de gastronomía, que en aquella época practican una curiosa distinción con arreglo a criterios políticos, separando los principados de las repúblicas. Informar al público de lo que comía el príncipe servía para incidir en la distancia existente entre él y el pueblo y legitimar su poder. Dar a conocer las delicias de la mesa episcopal también tenía su utilidad: aquellos eran tiempos «en los cuales muchas vocaciones religiosas estaban fundamentadas en un exceso de jugos gástricos sin utilizar».[14] Diametralmente distinto era el caso de las oligarquías comerciales, para las cuales «conquistar la confianza del pueblo resultaba fundamental para conservar el poder y, por tanto, una arrogante ostentación de costumbres excesivamente dispendiosas podía producir efectos negativos».[15] Estas consideraciones están confirmadas con toda evidencia por el hecho de que, mientras Venecia produce una cantidad enorme de textos de gastronomía en general, no imprime ni siquiera uno que trate de la específica de la ciudad. Una anomalía que se prolonga muchísimo tiempo, hasta principios del siglo XIX, «es decir, durante demasiados siglos para ser considerada una coincidencia fortuita. No era una buena idea promocionar el tipo de vida de la clase dominante y por eso, sin que existiera una ley específica, nunca se publicó nada al respecto».[16]

Hasta la Revolución Francesa sabemos realmente poco acerca de la mesa de las clases subalternas, y solo por los textos literarios. Por ejemplo, por los de Giovanni Boccaccio (quien cuenta que los del pueblo comían animales que habían muerto de enfermedad y bebían vino avinagrado) o por los de Carlo Goldoni, autor de *La mujer garbosa*, donde el personaje de Rosaura le da a Arlequín la receta para la polenta:

> Llenaremos una olla de agua y la pondremos a hervir. Cuando el agua empiece a murmurar tomaré aquel ingrediente, el polvo hermoso como el oro llamado harina amarilla y poco a poco iré fundiéndolo en la olla, donde tú con una sapientísima vara irás haciendo círculos y líneas. Cuando la materia se haya condensado, la quitaremos del fuego y los dos, una cuchara cada uno, la pasaremos de la olla al plato. Luego pondremos encima una abundante porción de fresca, amarilla y delicada mantequilla y lo mismo haremos con el graso, amarillo y bien rallado queso.

Y, en todo caso, «el problema de las clases subalternas no era cómo cocinar los alimentos, sino cómo procurárselos para cocinar».[17]

La cocina era un asunto de ricos y la gastronomía renacentista está basada en un texto que influenciará las recetas de la corte y las cocinas aristocráticas de media Europa. Se trata del libro de Bartolomeo Sacchi di Piadena, llamado Platina, *De honesta voluptate et valetudine*, impreso por primera vez en Roma entre

1473 y 1475, en una edición clandestina sin lugar y fecha, mientras que la primera edición oficial es la de Venecia del 15 de diciembre de 1475. «El libro tiene amplísimas repercusiones en la historia culinaria del primer Renacimiento porque la transcripción de Platina se traduce no solo al italiano, sino también al alemán y francés.»[18]

Esta importantísima obra, el primero de los libros de cocina que se difunde impreso, es el compendio de los conocimientos gastronómicos de la segunda mitad del siglo XV. Se trata de un ensayo sobre el arte de la cocina estrictamente vinculado a la dietética, a la higiene alimentaria, a la ética de la alimentación y del buen vivir en la mesa, que ejercerá notable influencia en la literatura gastronómica del siglo XVI (casi enteramente italiana), muy rica en grandes tratados generales.[19] El recetario de la *Honesta voluptate* no es una idea original de Platina, sino una copia del manuscrito del maestro Martino da Como, cocinero del patriarca de Aquilea hasta 1465. Se trata de un plagio —Platina no cita la fuente— que fue descubierto en tiempos bastante recientes, cuando se estudiaba el manuscrito del maestro Martino conservado en la Biblioteca del Congreso en Washington.

En la mesa se come, pero también se bebe, y así en Venecia, en 1535, Ottaviano Scotto publica el que se considera uno de los primeros tratados de enología, el *De vini natura disputatio*, de Giovanni Battista Confalonieri, en el cual se empiezan a analizar las características del vino y a describir las diversas tipologías.

Mientras tanto, los libros de cocina se transforman cada vez más en tratados sobre el arte de los banquetes. Uno de los más célebres de la época es el *Libro novo* —la primera edición se imprime en Ferrara en 1549; las nueve siguientes, de 1564 a 1631, en Venecia—, en el que Cristoforo da Messisbugo, *scalco* (supervisor de cocina) en Ferrara en la corte de los Estensi, se revela el conocedor más hábil y experto de las exigencias de la corte y en el tratado, además de proporcionar 315 recetas, cuenta las características del convite renacentista, acontecimiento marcado por una serie de secuencias guiadas, incluso en la pompa y la suntuosidad del conjunto, por un sentido de armonía y equilibrio: platos, músicas, danzas, teatro, conversaciones, sorpresas, todo está sabiamente modulado por un refinado arte de la recepción.[20] En efecto, que se trata de banquetes fuera de lo común se entiende leyendo los menús que Messisbugo publica: 56 perdices, 300 ostras, 25 pavos grandes y pequeños, 80 tordos, 80 tórtolas...

El *scalco* es una figura que, en términos modernos, reúne, ampliándolas, las figuras del chef y del maître. Es el supervisor de las cocinas principescas y aristocráticas; a él le corresponde seleccionar y dirigir a cocineros y sirvientes, ocuparse de la mesa cotidiana de su señor, con quien mantiene una relación personal, abastecer la despensa y organizar los banquetes hasta en su más mínimo detalle. No se trata de un simple sirviente de rango elevado, sino de un cortesano, noble por nacimiento o, más raramente, por méritos culinarios. Por eso, a diferencia de los cocineros, que lo tenían prohibido, podía vestirse de forma refinada y llevar barba, bigotes y peluca.[21]

Scalco es también Domenico Romoli, llamado el Panunto, que en su obra publicada en Venecia, *La singolare dottrina* (1560), describe los platos, los banquetes y las propiedades de los alimentos. Y Bartolomeo Scappi, singular por ser el único cocinero de la época, entre tantos *scalchi* y trinchantes, que se atreve a escribir un libro de cocina; su obra llega a representar «la suma de la gastronomía renacentista».[22] Scappi, «cocinero secreto de Pío V», como reza la introducción, redacta un volumen titulado *Opera* (1570) en el que describe «el compendio de sus experiencias en la corte pontificia, las tareas del cocinero, los ambientes de la cocina (descripciones ilustradas por una serie de famosos grabados), además de recetas, menús por estaciones y regímenes dietéticos para enfermos».[23]

La otra figura fundamental de la cocina renacentista es el ya nombrado trinchante; su tarea consiste en cortar y distribuir la comida en los platos de los comensales. Nada que ver con un camarero, el suyo es un auténtico arte que se convierte en baile, acrobacia, fuerza y equilibrio.

> El corte de las viandas, que se desarrolla bajo la mirada de los comensales, es un momento crucial de la comida y representa para el trinchador la ocasión de demostrar su habilidad […]. El corte tiene que efectuarse «en el aire», lo cual significa que la vianda pinchada con el tenedor se corta manteniéndola suspendida sobre el plato […]. Esto requiere un dominio perfecto del arte que […] se adquiere solo después de años de ejercicio diario.[24]

Il trinciante de Vincenzo Cervio (1581) es una suerte de manual para quien desarrolla esta actividad, que recuerda más a una ceremonia que al acto de servir en la mesa. La tarea de saciar a los comensales de un banquete renacentista les corresponde a los dos primeros platos, mientras que los siguientes y sobre todo los asados, tienen una función más bien coreográfica. Los asados llegan a la mesa ya fríos, después de haber sido expuestos uno al lado del otro y haber pasado por las sabias manos del trinchante; los comensales pican sin gana algún trocito, después de haber contemplado, divertidos, las acrobacias con que los han llevado a la mesa.

Además de tratados de gastronomía que refieren a alimentos reales, también los hay acerca de comidas míticas, imaginarias, como el maná. El médico y filósofo napolitano Donato Antonio Altomare imprime en Venecia en 1562 el librito *De mannae*, en el que, a lo largo de sus 46 páginas, lo explica todo acerca del alimento bíblico.

La Serenísima tiene siempre una mirada muy atenta a todo lo que ocurre en el resto del mundo, y es precisamente aquí donde el tipógrafo Rampazetto publica en 1565 el primer libro en el que se describe el árbol del cacao y la forma de preparar el chocolate. *La historia del mondo nuovo*, escrita por el milanés Girolamo Benzoni,[25] contiene la primera descripción conocida del chocolate. Se trata de una receta definitivamente adelantada a su tiempo, porque todavía se necesitará un siglo para que aquella semilla importada de América se convierta en una bebida popular. Evidentemente, una vez más, autor e impresor habían tenido visión de futuro.

10

PIETRO ARETINO Y EL NACIMIENTO DEL AUTOR

Un genio. Un pornógrafo. Un pervertido. Un intelectual refinado. Hay muchas formas de describir a Pietro Aretino y, al final, todas están justificadas. Es él quien publica el primer libro abiertamente pornográfico de la historia. Es él, «flagelo de los príncipes», quien inventa la figura del autor-personaje, del escritor-divo al que legiones de lectores anónimos anhelan ver. No escribe para complacer, como muchos de sus contemporáneos, si acaso para polemizar. Tampoco escribe para instruir y enseñar. El suyo es un uso militar y militante de la escritura[1] e incluso en este sentido es un autor sorprendentemente moderno.

Durante los años que pasa en Venecia se convierte él mismo en una atracción turística estableciendo una suerte de relación osmótica con el lugar que le ha dado notoriedad, sin la cual probablemente nunca habría sido tan famoso. «La proverbial "libertad" veneciana es un terreno fuera del cual su lozano desarrollo literario no habría sido posible.»[2] Y él le restituye el favor a la ciudad atrayendo visitantes. Se traslada allí en 1527 y durante más de veinte años se convierte en una de las atracciones de la ciudad. Muere en 1556 y es enterrado en San Luca; la iglesia aún existe, pero su tumba se ha perdido. Traba amistad con las mayores personalidades de la época: Tiziano, que pinta su retrato (conservado en el Palacio Pitti de Florencia), Sebastiano del Piombo, Sansovino e incluso el emperador Carlos V.

En los siglos siguientes se prefiere, en cambio, arrinconarlo: un señor que escribía textos como los *Sonetos lujuriosos* solo podía ser arrumbado en el sótano durante el siglo más aburrido, mojigato y moralista del pasado milenio, el siglo XIX. De Aretino se hablaba poco y sin ganas, y aún hoy sus méritos literarios se tienen en escasa consideración y ciertamente no se le celebra como una de las figuras más relevantes en la historia cultural italiana.

Pietro nace en Arezzo en 1492, se traslada a Roma, a Mantua, luego de nuevo a Roma y más tarde otra vez a Mantua. Su fama de polemista se dispara después de la muerte del papa León X y la inesperada elección al solio pontificio del flamenco Adriano VI. En su segunda estancia romana consigue directamente del papa la excarcelación del grabador Marcantonio Raimondi, que había reproducido 16 dibujos eróticos de Giulio Romano. «No contento con este primer éxito, Aretino quiso mostrar que todo le era permitido y escribió 16 sonetos como comentario a las figuras de Giulio Romano.»[3] Incluso sufre un atentado: puñaladas que no lo matan pero le producen una seria mutilación en las manos. Vuelve a Mantua, esta vez como fugitivo. Se convierte en el centro de atención de la corte de los Gonzaga, donde no oculta sus amores homosexuales, aunque tampoco desdeña las relaciones heterosexuales.

Llega a la laguna en 1527 y, después de un par de meses, los lansquenetes de Carlos V de Alemania saquean Roma, suceso que Aretino había previsto y que, dado el odio que siente por el papado, recibe con gran satisfacción. La Señoría lo deja hacer y el dogo Andrea Gritti incluso lo apoya. Pietro Aretino dirá que las venecianas son tan hermosas que hacen que abandone las relaciones homosexuales. Con treinta y cinco años, la ciudad de la laguna se convierte en su patria adoptiva; alquila una casa en Rialto, propiedad de Domenico Bolani, en la esquina del canal San Giovanni, en el lado más digno del Gran Canal, casa que muy pronto fue llamada «del Aretino», al igual que el canal y la calle que la bordeaban.[4] Lo que Aretino veía por las ventanas de su casa ha sido reproducido en un cuadro de Francesco Guardi, *Gran Canal y Puente de Rialto*, cuya perspectiva parece retomar la vista que se disfruta desde la trífora del primer piso del palacio. El edificio (Ca' Bollani Erizzo), del siglo XIII, aún existe, pero poco queda de lo que había en los tiempos de Aretino, además de las ventanas con arcos del primero y del segundo piso, a las cuales el escritor le gustaba asomarse para contemplar la vida veneciana (y cuando lo hacía podía ser visto por sus admiradores agolpados en el Puente de Rialto). En 1944 en aquella casa vive durante un tiempo Filippo Tommaso Marinetti, el padre del futurismo, que funda allí la asociación Cannaregio 5662.

Aretino vive en aquel palacio durante veintidós años, en parte porque le paga al propietario el alquiler enviándole sonetos en vez de dinero, hasta que este se cansa y en 1551 lo echa. El inefable Pietro se muda cerca, a Riva del Carbón, en una casa que le alquila Leonardo Dandolo, no sin antes haber convencido al duque de Florencia para que le pague los 60 escudos anuales del alquiler. En el mismo trecho del Gran Canal había vivido hasta pocos años antes el otro célebre Pietro de la época, Bembo (muerto en Roma en 1547).

En 1533 el rey de Francia, Francisco I, le regala un collar de lenguas de oro de un kilo y medio de peso. La joya real se convertirá en el símbolo de Aretino y estará presente en todos sus retratos. El escritor se hace tan famoso que la Serenísima Señoría le otorga cargos diplomáticos. La apoteosis tiene lugar en 1543 cuando forma parte de la delegación véneta encargada de recibir a Carlos V. Los mensajeros de la república salen al encuentro del cortejo imperial entre Verona y Brescia, y Carlos V, cuando tiene conocimiento de la presencia de Aretino, lo invita a cabalgar a su lado durante un tramo del recorrido. Llegados a Peschiera, mantienen una larga entrevista confidencial tras la cual el rey dirá de él que es «uno de sus amigos más queridos en Italia».[5] Que todo esto le sirva para vender sus libros, está fuera de toda discusión.

Pero ahora volvamos a cuando llega a Venecia un no tan joven Aretino, «inseguro acerca de su futuro, en condiciones económicas no demasiado favorables».[6] Estamos en marzo de 1527, y llega a la ciudad «como turista y acaba quedándose. Los primeros años de su estancia veneciana transcurren bajo el signo de cierta inestabilidad».[7] Es muy probable que eligiera Venecia porque era «la ciudad que por número y variedad de tipografías podría garantizar la máxima expansión de su mensaje [...]. Los contactos precedentes entre Aretino y la imprenta se limitan a pocos y esporádicos episodios».[8]

Detengámonos ahora en lo que afecta a la historia de la edición, al que se considera el primer libro pornográfico publicado, los *Sonetos lujuriosos*. Los escribe en Roma, probablemente en 1525, en uno de aquellos excesos tan suyos que dan la medida del personaje. Como ya se ha mencionado, Giulio Romano, discípulo predilecto de Rafael, realiza unos dibujos sexualmente muy explícitos, pornográficos en términos contemporáneos, y Marcantonio Raimondi extrae de aquellas representaciones dieciséis grabados obscenos para que sean impresos y duplicados. A las autoridades papales no les gusta en absoluto el trabajo y hacen encarcelar a Raimondi. Aretino se desvela para que lo liberen y es ya suficientemente famoso para conseguir su objetivo. Una persona razonable se sentiría satisfecha: ha conseguido lo que quería, el amigo ha sido liberado. Pero Pietro no conoce límites y escribe dieciséis sonetos que sirven de leyenda a las ilustraciones. Así nacen los *Sonetos lujuriosos*, que le cuestan la expulsión de Roma y lo que al principio parece ser solo un exilio a Venecia. Es aquí, lejos de la Inquisición romana, donde imprime el libro con las imágenes y los versos obscenos. El lugar y la fecha de impresión (Venecia, 1527) son los que suponen los estudiosos,[9] porque el único ejemplar que ha sobrevivido de la obra nos ha llegado sin portadilla y sin dos de los sonetos.

Este libro (existe una copia en microfilme de poca calidad en la British Library) era propiedad de Walter Toscanini (hijo de Arturo, el director de orquesta) y fue puesto a la venta en Christie's en 1978, siete años después de la muerte de su dueño. Encuadernado junto a otros tres trabajos (también obscenos, en el estilo del autor, pero muy probablemente no de Aretino), fue vendido por 32.000 dólares. La casa de subastas no desveló el nombre del comprador.

Ignoramos los resultados comerciales de la edición veneciana de los *Sonetos*, pero podemos suponer que fueron muy positivos si consideramos que la nueva tendencia editorial no fue abandonada, sino todo lo contrario. Venecia y Aretino aún se están conociendo: «Un cortesano romano de incierta cuna [...], amigo de la pompa y la ostentación, no podía ser introducido de inmediato en los ambientes de gobierno. Lo que jugó a favor de Aretino fue probablemente el potencial táctico que sus febriles maniobras entre los poderosos podía generar a favor de la república».[10]

En este momento Aretino se pone a trabajar en el que ha sido definido como «el libro más tristemente célebre de nuestro siglo XVI»,[11] el *Razonamiento* (1534) y el *Diálogo* (1536), fusionados en *Seis jornadas*. A principios de los años treinta, el «flagelo de los príncipes» es un polemista, un personaje conocido —gracias a los sonetos encarna el papel del lujurioso—, pero aún no es el escritor que él quisiera. «Por eso calcula sus jugadas con mucha astucia para conseguir, como escritor, el justo reconocimiento. Su carrera está perfectamente planificada.»[12] Concibe así el libro que tendrá que darle notoriedad. Pietro Bembo, gracias a *Los asolanos* (1505), ha vuelto muy famoso el diálogo amoroso y en las *Prosas de la lengua vulgar* (1525) ha codificado el uso de la lengua vulgar como lengua literaria. El de Aretino también será un diálogo en lengua vulgar y hablará de amor, pero no de amor espiritual, sino físico; las protagonistas no serán las etéreas doncellas del Renacimiento que tañen el laúd cantando dulces versos, sino las mucho más materiales mujeres que usan su cuerpo para ganarse la vida. Así, a partir de este completo vuelco de papeles, se concibe el *dialogo puttanesco*, una parodia del diálogo amoroso de moda a principios del siglo XVI. De este modo nacen las *Seis jornadas*, «uno de los documentos capitales del siglo»,[13] que a través del diálogo pornográfico le ofrecen a Aretino «el instrumento más adecuado para la expresión literaria de su anticonformismo social e ideológico».[14] Los diálogos, que se desarrollan durante un total de seis días, se dividen en dos partes. En las primeras tres jornadas —*Coloquio de Nanna y Antonia*—, imaginen, en un jardín de Roma, a Nanna, exprostituta, que le explica a su amiga Antonia los tres estados de las mujeres: monjas, casadas y rameras. Se trata de elegir qué estado es el mejor para Pippa, la joven hija de Nanna, y finalmente se decide que «la carrera de cortesana es la más segura y, en el fondo, la más honesta».[15] Para explicar al lector el trabajo de prostituta, Aretino no se ahorra escenas sadomasoquistas, por ejemplo en la segunda jornada: «Lo ponía a cuatro patas, le colocaba una correa en la boca a modo de freno, me subía encima y, a golpe de talón, hacía que se moviera como él hacía con su caballo». Nanna describe escenas de la vida meretricia: «Me lo puso en la mano y dijo: "Es todo tuyo, yo no voy a moverme". Y yo le repliqué casi llorando: "¡Vaya carajo más gordo! ¿Los otros hombres lo tienen tan grande?"».

Las tres jornadas siguientes, publicadas en 1536, tienen un título más explícito todavía que debió de escandalizar aún más a los moralistas: *El diálogo del señor Pietro Aretino donde Nanna [...] enseña a Pippa, su hija, a ser puta.* La madre dispensa sabios consejos: «Cuando tengas agarrada la minga con la mano, apriétasela bien hasta que termine de encabritarse e, inflamado como él está, métetela en la raja». Es normal que ante composiciones parecidas se enarcara más de una ceja, «la sucesión de coitos, estupros, incestos, sodomías [...] es la alegoría de un mundo desquiciado, hundido en su propia desolación, deshecho en sus innumerables cópulas: el mundo del desorden».[16]

> Veintinueve años después de *Los asolanos*, Aretino imprime el antidiálogo de amor por excelencia, el *Razonamiento*, el libro más provocador y obsceno de nuestra historia literaria [...]. Para él, las muchas reimpresiones clandestinas y el veto de las autoridades eclesiásticas (hasta la inclusión en el Índice) son confirmaciones del éxito conseguido. Así nace «el infame Aretino».[17]

Como ya se ha mencionado, la simbiosis entre el escritor y la ciudad es total. En ningún otro lugar de la Europa del siglo XVI Pietro hubiera podido convertirse en el Aretino, casi en ningún otro lugar hubiera podido escribir algo así sin acabar en la cárcel, y en ningún otro lugar hubiera encontrado un sistema editorial capaz de garantizarle tiradas y difusión. «Las primeras ediciones venecianas de Aretino representan en su conjunto una muestra significativa de la competencia en un mercado editorial donde aparecían falsificaciones con o sin falsas indicaciones editoriales.»[18] Es precisamente esta la medida de su éxito, donde plagios y reproducciones por un lado provocan perjuicios al autor, pero por el otro aumentan su popularidad. Señal posterior e inequívoca de la resonancia del nuevo género literario es la imitación; las prostitutas se convierten en protagonistas de una cantidad de textos de los cuales Aretino es probablemente el inspirador: desde *Puttana errante* (1530) hasta *Zaffetta* (1531), desde *Tariffa delle puttane* (1535) hasta *Ragionamento del Zoppino fatto frate e Ludovico puttaniere* (1539).

La otra cara de la moneda es que a partir del momento en que las garras de la Inquisición se ciernen sobre Venecia, durante tres siglos la obra de Aretino «vivirá una existencia subterránea, delicia de bibliófilos y expertos de erótica: y la atención crítica que se le reservará después estará siempre influenciada por un impulso de autocensura».[19]

Pietro ya es un escritor famoso, ha creado —conscientemente— un género literario y con la misma conciencia «funda una nueva tradición editorial, la del epistolario, que durante todo el siglo asumirá proporciones estables y constantes».[20] No se trata tanto de una colección de textos de diverso género, como más bien de un conjunto de cartas compuesto para la ocasión. El *Primer libro de las cartas*, que Marcolini publica en enero de 1538, constituirá el mayor éxito editorial de Aretino. Y él lo sabe: «Las primeras cartas que hayan sido impresas en nuestra lengua nacen de mí; que gozo, mientras me siento traspasar por el arte de la imitación».[21] No es solamente por el contenido que el libro se impone, sino también por su formato editorial: tenía que resultar «reconocible e identificable desde el banco del librero. No podía ser un libro cualquiera, porque Aretino le entregaba su reputación y su futuro veneciano»,[22] se trataba de hecho de un gran *in folio*, decorado y costoso, destinado a circular en manos de pocos.

Pietro Aretino, en todo caso, desempeña un papel fundamental al impulsar la imprenta de su editor, no así en la gestión posterior. Francesco Marcolini, de Forlì, probablemente había llegado a Venecia el mismo año que Aretino, y en veinticinco años de actividad —con un paréntesis en el trienio 1546-1549, debida al traslado a Chipre para alejar a su mujer de las zarpas de su autor más preciado— «suscribió 126 títulos, con una media anual de alrededor de 6 obras. Una producción contemporánea, militante»,[23] que se alinea perfectamente con los textos del más transgresor de los intelectuales de la época.

El escritor, por su parte, se muestra realmente muy atento a la autopromoción, a lo que hoy llamaríamos *marketing* editorial. Mantiene una relación continuada con los lectores «para pedir, agradecer, aconsejar, exhortar, en fin, para ponerse a sí mismo como juez supremo, príncipe y rey de las virtudes, a la vista de todos sus lectores».[24]

En esa época el principal beneficiario de la venta de libros es el editor. A menudo el autor está mal pagado o incluso no retribuido. En el caso de Aretino obviamente esto no ocurre, aunque le ceda los derechos a Marcolini. Recibe dinero por otras vías, sobre todo donaciones constantemente solicitadas:

El sistema de entradas puesto en pie por los volúmenes de las cartas preveía el habitual canal de demanda-oferta, dirigida a los benefactores habituales, con la petulancia habitual [...]. La novedad es que el circuito, asfixiante en algunos aspectos, de la circulación manuscrita, ahora se abría con la impresión a incontables destinatarios; como una suerte de lista de correo constantemente actualizada, Aretino, con la publicación de las cartas, podía incrementar el número de posibles donantes, que a su vez se beneficiarían de la inclusión en el parnaso de los corresponsales del Divino.[25]

Un sujeto tan desenfrenado como Aretino solo puede llevar una vida dispendiosa, mientras, además, a su alrededor gravita un considerable número de familiares y parásitos. «Gracias a un cálculo aproximado de las entradas declaradas en varias ocasiones por el escritor, se puede estimar una media anual de 1.600-1.700 escudos, de los cuales [...] casi 600 son de rentas

—la pensión imperial y las concedidas por el marqués de Vasto y por el príncipe de Salerno— y otros 1.000 "me los procuro cada año con un cuaderno de hojas y una ampolla de tinta".»[26] Sin duda un resultado sensacional, que sitúa las ganancias de Aretino al nivel de los mejores autores de best sellers contemporáneos.

11
DECADENCIA, RECUPERACIÓN Y FINAL

«¿Qué hay de nuevo en Rialto?», le hace decir William Shakespeare a Solanio en *El mercader de Venecia*. Una potencia comercial vive de noticias y aunque en el siglo XVI los periódicos no existían todavía, la Serenísima, para disponer de información, ya se había inventado la diplomacia moderna. Es decir, había construido una red de embajadores y cónsules sin igual que se convertirá en el modelo en que se inspirará la diplomacia británica (pero no la italiana). La primera embajada permanente del mundo es veneciana, instituida en Roma en 1431 con ocasión de la elección al solio pontificio de Eugenio IV, antes Gabriele Condulmer, súbdito de San Marco. Los representantes de la república ante la Santa Sede residían en el palacio Venezia, que, más tarde, se haría tristemente famoso por el balcón en el que se asomaba Benito Mussolini.

Cabe preguntarse si Shakespeare sabría que precisamente en Rialto, unos quince años antes de que él escribiera el *Mercader*, nació el que se considera el primer periódico impreso de la historia. Lo concibe un agente de cambio originario de Umbría, Panfilo Brancacci, quien, de acuerdo con dos de los mayores editores de la época, Jacopo Giunti y Bonifacio Ciera, empieza a imprimir las cotizaciones de los cambios y de los precios de las mercancías «en finas tiras de papel que podían ser ágilmente atadas a la correspondencia normal».[1] Algo muy distinto de lo que hoy entendemos por periódico, pero con las características de ser impreso y de salir en unos plazos establecidos. El primer ejemplar conocido es del 14 de marzo de 1585, pero es probable que el periódico viera la luz antes.

Nos encontramos justamente en los años en que la industria librera veneciana ha sido liberada de la capa asfixiante de la Inquisición romana, y están creciendo los brotes de lo que será un renacimiento editorial, esta vez no solo y no tanto en el campo del libro, sino sobre todo en el de la impresión de información. Ya en el siglo XVII, y sobre todo en el XVIII, el relanzamiento de la edición veneciana pasa en buena parte por los diarios, las gacetas. La misma palabra *gazzetta* tiene orígenes venecianos: era la moneda con la que se pagaba el diario. Veneciano es también uno de los primeros diarios modernamente entendidos, la *Gazzetta Veneta* de Gasparo Gozzi, fundada en 1760, en la cual se publican noticias y retratos de personajes (las noticias se llamaban *nuove* o *novelle*, de ahí la voz inglesa *news*). De todas formas, ya en 1696 el veronés Apostolo Zeno había dado los pasos para crear un diario literario, la *Galleria di Minerva*. Y veneciana es también la primera mujer directora de periódicos en Italia, Elisabetta Caminer, que en 1777 toma las riendas del *Giornale enciclopedico*, fundado por su padre.

Pero antes de llegar a esta fase, la edición veneciana pasa por periodos definitivamente oscuros.

Hemos visto que entre finales del siglo XV y principios del XVI el auge de la industria librera veneciana se basa sobre todo en tres factores: capitales disponibles, líneas comerciales y libertad de opinión. En la segunda mitad del siglo XVI estas condiciones se desdibujan. El patriciado empieza a abandonar el comercio y orienta su actividad económica hacia la propiedad inmobiliaria, la agricultura y hacia un principio de actividad industrial favorecido por la abundante presencia de agua —y por tanto de energía hidráulica— a los pies de los Prealpes. El sistema de las villas, verdaderos centros de producción agrícola e industrial, además de garantizar lujosas residencias para sus riquísimos propietarios, también está modificando el paisaje rural del interior véneto. Andrea Palladio, el más formidable constructor de villas de todos los tiempos (su estilo ejercerá gran influencia en las mansiones victorianas británicas, la Casa Blanca y el Capitolio en Washington; el 6 de diciembre de 2010 el Congreso de Estados Unidos mediante la Resolución 259 lo reconocerá como padre de la arquitectura americana), nace en Padua en 1508 y muere en Maser, cerca de Asolo, en la provincia de Treviso, en 1580 (precisamente aquí sobrevive su maravillosa Villa Barbaro, con frescos de Veronese en el interior). Más allá de las relaciones que Palladio tuvo con la edición —participó en la traducción y el comentario, ilustrándolos, de la primera edición crítica del *De Architectura* de Vitruvio, impresa en Venecia en 1556— queda el hecho de que hacerse construir una villa por él, o por uno de sus numerosos émulos, requería tal esfuerzo económico que dejaba poco espacio para otros compromisos. (Para seguir en el campo de los libros de arquitectura, unos veinte años antes, en 1537, había sido impreso en Venecia el primer libro ilustrado, *Regole generali di architetura sopra le cinque maniere de gli edifici*, de Sebastiano Serlio y Agostino di Mussi, con 126 grabados, 56 de los cuales a página entera).

La navegación atlántica está alejando del Mediterráneo las líneas comerciales más importantes. Venecia, tanto por su posición geográfica como por el hecho de que el patriciado no comprende del todo la revolución que se está produciendo, queda excluida de las nuevas rutas y su puerto pierde importancia en comparación con otras escalas norteuropeas. Esta parte del continente, además de asomarse al Atlántico, es también aquella donde los soberanos se han adherido a la Reforma Protestante y donde, por tanto, la libertad de imprenta no se ve atacada por la Inquisición romana. No es casualidad que Venecia le pase el testigo de la edición a la Europa del norte. También hay otro factor, quizá poco estudiado, pero que no hay que olvidar:

la pérdida de importancia del vulgar italiano y por consecuencia del veneciano. La fuerza económica y cultural de Florencia y de Venecia hace que durante cierto periodo el italiano se convierta en una verdadera lengua puente. Las cartas que Isabel I de Inglaterra intercambia con el sultán turco Murad III están, al menos en parte, escritas en veneciano. Luego, en un par de décadas, el francés suplantará definitivamente como lengua puente al idioma de la República de San Marcos.

A mediados del siglo xvi, la Inquisición romana consigue extender su influencia también sobre Venecia. El Santo Oficio de la Serenísima se reorganiza en 1547 y el nuevo tribunal tiene «autoridad suficiente y determinación más firme para eliminar la literatura protestante y dejar libres a los ocupadísimos Jefes de los Diez y a los Ejecutores contra la blasfemia»,[2] las magistraturas estatales que hubieran tenido que ocuparse del asunto. El 2 de julio de 1548 se queman en la hoguera, entre Rialto y San Marcos, 1.400 volúmenes hallados en casa de un librero clandestino que había hecho bien en desaparecer. Es el cambio definitivo. Una segunda hoguera de libros protestantes se organizará el 21 de noviembre. Un año después, en 1549, monseñor Giovanni della Casa, nuncio apostólico en Venecia, compila el primer *Catalogo di libri dannati et proibiti*, con 149 entradas,[3] pero el patriciado —con Nicolò da Ponte de jefe, que más tarde se convertiría en dogo— se opone y la lista no se aplica (dos años más tarde Della Casa escribirá su célebre *Galateo*, que gozará de mayor). Sin embargo, también este catálogo está destinado a producir un cambio: precede en cinco años al primer Índex romano, compilado en 1554. Una vez más la Señoría consigue encauzar la Curia, pero cuando Roma impone una nueva lista, el 30 de diciembre de 1558, Venecia se verá obligada a ceder. Se condenan más de 600 autores y se prohíben específicamente más de 400 obras. Erasmo, Maquiavelo, Aretino, Rabelais están vetados, así como todas las biblias en lengua vulgar: «Para la edición veneciana el golpe fue mortal, y no hubo forma de evitarlo».[4]

Ya hemos visto, cuando hablábamos de los libros en hebreo, que la primera hoguera de ejemplares del Talmud tiene lugar el 21 de octubre de 1553, con el siguiente comentario de satisfacción del nuncio: «En los meses siguientes el Talmud, junto con otros textos, fue quemado también en zonas remotas del dominio véneto, como la isla de Creta, mientras en toda Italia los libros hebreos se destruían a centenares y millares».[5]

Las hogueras se suceden: el 18 de marzo de 1559, Sábado Santo, se queman en Venecia entre 10.000 y 12.000 libros. Se celebra así al nuevo Gran Inquisidor, el cardenal Michele Ghisleri. Este no soporta que algunos libreros de la laguna hagan como si nada, rechazando publicar el Índice y le pide por tres veces consecutivas al Santo Oficio de Venecia que le comuniquen los nombres de los impresores desobedientes: «El destino de los libreros estaba marcado».[6] El de los libros también.

En 1562 la Serenísima establece sus propias reglas: cada manuscrito tiene que ser examinado por un religioso y dos laicos. Pero todo esto no hace sino aumentar tiempos y costes; el proceso para conseguir el permiso de publicación tarda de uno a tres meses, el impresor tiene que pagar a cada uno de los lectores 1 ducado por cada página examinada, y además, desde 1569, tiene que entregar dos ejemplares del manuscrito: uno suelto para ser examinado y otro encuadernado para ser archivado y comparado con la edición impresa.

Entretanto se difunde la cultura de la sospecha: por ejemplo, el simple hecho de que un trabajador de la seda lea es motivo suficiente para que un cura lo denuncie ante el Santo Oficio de Venecia, en 1565.[7]

La decadencia se refleja en el descenso del número de prensas presentes en la ciudad; en 1599 se reducen de 120 a 70, en
1596 a 40 y en 1598 a 34.[8] Son cifras significativas, aunque no
de por sí definitivas, porque la cantidad de libros impresos de-
pende de la productividad de cada plancha más que del total.
De hecho, el examen de los imprimátur concedidos, es decir,
de los nuevos libros publicados, muestra que el máximo se alcanza entre 1560 y 1574 (89,3 por año), mientras que en el periodo 1575-1584, cuando se hacen sentir los efectos de la peste,
baja a 45,2 por año, para volver a subir a 72,9 entre 1585 y 1599.[9]
Sin duda hay crisis, pero es menos grave de lo que podría parecer, si se tiene en cuenta solo el descenso en el número de
prensas.

Los libreros intentan reaccionar, no quieren desaparecer,
barridos por la Inquisición romana y por el desplazamiento del
comercio hacia el norte. Y por eso se ponen a imprimir lo que el
mercado editorial de la Contrarreforma demanda: textos religiosos.

Los libros de tema religioso, entre el 13 y el 15 por ciento de los nuevos títulos en los años cincuenta, se convierten en el 25 por ciento
entre 1562 y 1582 y en el 33 por ciento durante el resto del siglo. Por
otro lado, la literatura profana en lengua vulgar, que en los años
cincuenta constituía entre el 25 y el 31 por ciento del total, descien-
de al 20 por ciento en la siguiente década para luego mantenerse a
un nivel constante o un poco inferior. En vez de obras de cultura
laica, que hubieran podido ser tachadas de anticlericales, irreve-
rentes y obscenas, los tipógrafos preferían imprimir ahora libros de
devoción. La suma de la producción en estos dos campos seguirá
oscilando durante toda la segunda mitad del siglo, entre el 43 y el 57
por ciento (con una media de 49) del total de los títulos autorizados
con imprimátur.[10]

Los efectos de la batalla de Lepanto (7 de octubre de 1571) repercuten también en la edición, y no solo por la cantidad de libelos apologéticos o conmemorativos, que transforman en suceso extraordinario una victoria sí resplandeciente, pero muy poco significativa desde el punto de vista militar y estratégico. «Era casi natural que una alianza con el pontífice sellada en una atmósfera de cruzada respaldara la petición de una Inquisición más atenta y severa.»[11] En este periodo la colaboración entre Roma y Venecia es muy estricta, aunque después los vínculos se debilitarán hasta llegar a la prohibición fulminante del Papa contra la Serenísima en 1606.

Roma, en todo caso, se comporta como una rapaz: no le basta con controlar la ortodoxia de los libros religiosos y eclesiásticos impresos en el extranjero, también quiere centralizar la producción, por ejemplo intentando impedir las reimpresiones de las primeras ediciones publicadas a orillas del Tíber.

> En la dura década de 1575-1584 la producción veneciana disminuyó hasta igualar simplemente la de las demás ciudades italianas. Las tipografías romanas y turinesas tuvieron en este último periodo una expansión notable, destinada a continuar incluso después de la recuperación veneciana. Las imprentas de la ciudad reconquistaron la primacía en la última década del siglo XVI, cuando su producción volvió a superar, aunque solo en un 15 por ciento, el total de los libros publicados en todos los demás centros italianos. A finales de los años ochenta la imprenta romana, anteriormente de dimensiones modestas, se convirtió en la segunda de Italia.[12]

La primacía estaba definitivamente perdida: en 1600, de las prensas venecianas sale solo «entre el 50 y el 55 por ciento de los libros impresos en París».[13]

El relanzamiento de la edición veneciana, como se ha dicho al principio, no se produce a través de los libros, sino más bien con los periódicos informativos. Las noticias son la savia para la que fuera una potencia comercial; incluso cuando el papel internacional de Venecia se debilita, permanece en la ciudad un público atento a los acontecimientos del mundo.

En la Venecia del siglo XVII las noticias se difunden a través de las crónicas escritas a mano, que se acompañan de las «gacetas» impresas. Pero la prevalencia de las segundas sobre las primeras, la lucha entre cronistas y gacetilleros, es un asunto complicado y la primacía de las prensas sobre las plumas no es tan inmediata como podría parecer lógico a nuestros ojos. Durante mucho tiempo las noticias impresas se ven simplemente como una versión distinta de los edictos públicos, mientras que las novedades escritas a mano se consideran más verídicas porque no están sometidas a censura (que solo se ejercía sobre las obras que salían de las tipografías). «Por eso [las noticias impresas], al menos en los ambientes de estado y corte, durante décadas siguieron suscitando poca credibilidad y fueron recibidas con mucha desconfianza.»[14] Funcionaba más o menos así: cuando un barco amarraba en San Marcos cargado de mercancías y noticias, el cronista se precipitaba para entrevistar al comandante o a algún oficial, corría a su oficina, escribía lo que había escuchado y colgaba la hoja manuscrita en la puerta, donde una multitud de curiosos se amontonaba para leerla. El gacetillero, en cambio, tenía que ir a la tipografía, componer el texto, someter los borradores a autorización y finalmente imprimir. Llegados a este punto, las noticias ya eran antiguas.

Se ha dicho que el primer periódico de la historia aparece en la laguna en los años ochenta del siglo XVI, mientras que la primera gaceta impresa sería la que se publicó en Estrasburgo en 1605, aunque Venecia contribuye de modo determinante a su difusión. «La impresión de gacetas semanales se convirtió en el resultado lógico de un interés por los acontecimientos, que había madurado lentamente a lo largo del siglo.»[15] Esencial para la difusión de las gacetas es el gran interés despertado por las guerras contra los turcos a finales del siglo XVII: el asedio de Viena tiene lugar en 1683, la conquista de Buda, en 1686. Venecia, por su parte, da inicio a las hostilidades contra los turcos en 1684, en un par de años conquista todo el Peloponeso y en 1687 asedia y conquista Atenas (bombardeando y destruyendo el Partenón, transformado en arsenal por los turcos, y todo apareció descrito en «las cuatro páginas de la *Relatione delle cose più curiose ed antiche che si ritrovano in vicinanza di Atene*, publicada por Antonio Bosio hacia finales de 1687, un interesante informe histórico sobre la ciudad, con indicaciones acerca de los edificios y sus condiciones actuales, redactado sin duda por un testigo directo»).[16]

El negocio de la imprenta de guerra es descuidado por los grandes editores, mientras que los pequeños libreros e impresores se especializan en el sector.

Entre la Plaza de San Marcos y Rialto era posible encontrar a varios vendedores ambulantes con sus cestas, unos bancos y unas tiendas donde este género de material abundaba [...]. Se dedicaron al comercio de las noticias impresas en una situación de vivaz competencia recíproca, determinada también por el hecho de que, para las hojas volanderas, no estaba en vigor la protección garantizada por la obtención de un privilegio de impresión. No eran raras las peleas determinadas por el tipo de actividad desarrollada. Una vez recibida la noticia militar, había que imprimirla enseguida y correr a venderla.[17]

La competencia entre tipógrafos era tan acalorada que al menos en un caso se llegó a los cuchillos, cuando uno de ellos fue herido en el rostro por el empleado de un rival suyo.

La censura cierra un ojo, y tal vez también los dos, no tanto sobre el contenido de los escritos como sobre la manera de ejercer los controles. La praxis quería que se pidiera audiencia con el secretario de los reformadores del Estudio de Padua (los tres patricios nombrados rectores del ateneo con capacidad decisoria en el campo de la censura) y que este entregara los impresos a la espera de licencia a los tres reformadores. Pero los tipógrafos no tenían tiempo que perder, tenían que llegar a la Plaza de San Marcos los primeros si querían vencer a la competencia, y así se precipitaban directamente a casa de uno de los reformadores para que les concediera rápidamente el visto bueno.

Entre todos se distingue

> Girolamo Albrizzi, la figura de mayor relieve del primer periodismo impreso veneciano, fundador de una dinastía que hasta la mitad del siglo XIX sería la protagonista en la producción de hojas periódicas de todo género. Hijo de un ropavejero, había nacido en 1662 y había conseguido la inscripción en la corporación de los impresores el 14 de octubre de 1685 [...]. El año anterior, detrás de la iglesia de San Zulian, en campo Della Guerra, había abierto una tienda con imprenta «en nombre de Dios» que se convirtió en la sede de sus iniciativas tipográficas y periodísticas.[18]

Albrizzi, que no tiene nada que ver con la homónima y riquísima familia patricia, desde la primavera de 1686 publica el *Giornale del campo cesareo di Buda*, que se revelará el más afortunado de los muchos diarios militares de la época, hasta el punto de que apareció semanalmente durante casi cuatro años. Las noticias llegan de Viena facilitadas por los gacetilleros de la capital austríaca, entre los que destaca Johann van Gehlen, quien no se limita a pasar a la tipografía los informes obtenidos de otros, sino que va al frente para recopilar noticias personalmente y luego imprimirlas «en informes muy cuidados, redactados en un italiano correcto y seco, falto de todo acento retórico».[19] Se necesitan alrededor de veinte días desde la fecha de la última noticia hasta el momento en que la hoja sale de la tipografía para ser difundida en el mercado veneciano. El diario de Albrizzi contiene también publicidad, sobre todo de otros impresos del mismo editor, y de productos diversos, como la «verdadera y admirable agua de la reina de Hungría, nuevamente descubierta para la salud de los cuerpos humanos»,[20] a la venta en su librería.

La extensión de las operaciones militares al teatro mediterráneo, de gran interés para el público veneciano e italiano, pero no cubierto por las noticias desde Viena, indujo a Albrizzi en 1687 a elaborar también un *Giornale dell'armata veneta in Levante* relativo a los éxitos vénetos en Dalmacia, Albania y Morea. Se redactó a partir de una fuente que seguía a la flota véneta. La sospecha de que Albrizzi pudiera haber aprovechado los informes enviados a Venecia por los altos cargos militares desaparece al comparar las cartas que llegaban a palacio y las noticias impresas. Se revela la simultaneidad de la redacción de los textos, pero hay diferencias en los particulares descritos. Resulta evidente que Albrizzi disponía de corresponsales propios al servicio de la armada, hombres capaces de enviar sus informes con los mismos medios de los oficiales.[21]

Lástima que los corresponsales no firmaran sus informes, porque de otra forma podría haber sido discutida la condición de primer corresponsal de guerra del mundo del irlandés William Howard Russell, que el 14 de noviembre de 1854 describió en el *Times* la carga de la brigada de caballería ligera británica en Balaklava, durante la Guerra de Crimea.

Los conflictos contra los turcos otomanos, iniciados con el asedio de Viena de 1683 y finalizados con el Tratado de Passarowitz (Požarevac, Serbia) en 1718, y las conquistas venecianas durante la Guerra de Morea determinan también un relanzamiento de las publicaciones geográficas. El padre Vincenzo Coronelli, franciscano del convento de los Frari (la actual sede del archivo de estado), trabaja en Venecia entre 1678 y 1718. Cosmógrafo oficial de la Serenísima, construye también dos globos, uno terráqueo y otro celeste, para el rey de Francia Luis XIV. Imprime 13 volúmenes del *Atlante veneto* y los 27 del *Teatro della guerra*, donde se ilustran los lugares de las batallas, las ciudades y las fortalezas sustraídas a los otomanos.[22]

Diarios y periódicos nos llevan directamente a la edición del siglo XVIII, véneta y ya no solamente veneciana, es decir al «siglo de los Remondini», nombre de la familia que implanta en Bassano del Grappa, en la provincia de Vicenza, la que en la segunda mitad del siglo se convertirá en la tipografía más grande de Europa, hasta el punto de que «la *Encyclopédie* de Diderot y D'Alembert en la voz Bassano dice: "Ciudad a orillas del río Brenta conocida por la gran tipografía Remondini, que emplea a ciento ochenta personas y tiene cincuenta prensas para los libros y las impresiones"».[23]

La de los Remondini es una historia larga y fascinante, que empieza en 1670 y dura ciento treinta años, sin conocer crisis alguna. Se convierten en una familia célebre, cuentan con amistades importantes, como el comediógrafo Gasparo Gozzi, o Paolo Renier, penúltimo dogo de Venecia, a menudo huéspedes en sus casas de Bassano. Pero junto con la fama llegan también los problemas: de 1766 a 1773 se ven envueltos en un altercado promovido por los grabadores de Augsburgo, molestos por la expansión de los grabados de Bassano en territorios alemanes, y en 1772 los demanda Carlos III, rey de España, por un grabado considerado ultrajante.

Con la misma intuición y la misma capacidad emprendedora que harían la fortuna del nordeste italiano en la segunda mitad del siglo XX, los Remondini se dedican a un área abandonada y residual del mercado y la transforman en un sector ganador.

Los editores de Bassano (el fundador de la dinastía es Giovanni Antonio, pero será con su nieto Giambattista cuando la empresa alcanzará el máximo esplendor) basan su porvenir en las estampas que antes eran patrimonio exclusivo de la categoría más baja de impresores: imágenes de santos, escenas religiosas, motivos tradicionales de la iconografía popular. Utilizan el sistema de la calcografía (grabado sobre cobre) para imprimir lo que en toda Europa se conocerá con el nombre irónico y vagamente despectivo de «santos de los Remondini».[24] Sin embargo, para tener éxito hay que diversificar el producto. Y así aparecen las estampas de animales (*Il gatto domestico* e *Il cane barbino*), o representaciones míticas para las poblaciones pobres a quienes iban dirigidas estas ilustraciones baratas, como *Il mondo alla rovescia* o *Il paese di cuccagna*, donde «quien no trabaja más gana», o la alegría de miles de niños, los solditos, esto es, estampas en las que los ejércitos de la época se representaban con sus coloridos uniformes. Entre 1730 y 1750 los Remondini producen también papel pintado y después de 1750 abanicos y barajas, entre las cuales hay tarots que se exportan a España y de ahí a las colonias de ultramar.

La fábrica de los Remondini ocupa todo el lado norte de la Plaza de los Señores en Bassano. En la segunda mitad del siglo XVIII «las prensas disponibles eran 54, de las cuales 32 eran para las impresiones sobre cobre, 18 para los libros y 4 para el papel dorado. A las prensas hay que añadir las oficinas complementarias: la escuela de cincelado, los talleres para grabadores, ilustradores y los encuadernadores, las salas donde se preparaban las tintas, los hornos para fundir los tipos móviles y numerosos almacenes para las mercancías».[25] Los Remondini también son propietarios de tres fábricas de papel a orillas del río Brenta y una en el Piave (en Caorera di Vas, la fábrica de papel más grande de toda la Serenísima), con las que se garantizan las indispensables provisiones de papel.

En la segunda mitad del siglo XVIII empiezan a publicarse mapas geográficos y naipes.[26] También en este último ámbito se consolida la tradición de la república véneta. De hecho, en Verona, en 1603, se imprime el primer libro-juego de la historia, el *Passatempo*, seguido por un segundo texto, el *Laberinto*, del cual conocemos dos ediciones venecianas, en 1607 y 1616. Desafortunadamente, la edición de 1607, conservada en la Biblioteca Marciana, se ha perdido (probablemente fue robada), y se han identificado otras dos en Florencia y Londres. La edición del *Passatempo* de 1603 era desconocida y fue identificada en la primavera de 2011 en Brescia por Roberto Labanti, técnico informático, y por Mariano Tomatis, matemático e ilusionista. Este ha sido capaz de reconstruir su funcionamiento: «El libro se usaba en las cortes italianas para presentar un peculiar juego de prestidigitación: una persona era invitada a elegir mentalmente una figura y a indicar el recuadro en el que aparecía; en el fondo de cada recuadro había una indicación para pasar a otra página, dando vida a un recorrido de lectura no lineal que permitía, a quien conocía el secreto, adivinar la figura pensada», explica. El *Passatempo* y el *Laberinto* son libros de una contemporaneidad sorprendente: hipertextos mágicos con iconos, aunque necesariamente faltos de interactividad. Su autor es un noble véneto de quien sabemos muy poco, Andrea Ghisi, que podría ser el mismo y homónimo patricio que en julio de 1617 fue nombrado potestad de Pirano, en Istria (hoy Piran, en Eslo-

venia) y que unos meses después obtuvo del Senado una sub-
vención de 1.000 ducados porque los piratas uscoques y triesti-
nos habían saqueado el barco que contenía sus bienes.

Volviendo a los Remondini, se puede observar que no contaban con clientes cultos y ricos, como era el caso de los libros de
Ghisi, sino simples pueblerinos y por eso necesitaban que sus
santos, soldaditos y juegos llegaran a los lugares donde se encontraban los compradores potenciales. De ello se encargan los
trentinos de Val Tesino, los tiroleses de Val Gardena, ambos
súbditos habsbúrgicos, y los eslovenos vénetos (valle de Natisone, en Friuli), súbditos de la Serenísima. Son sobre todo los
trentinos quienes llenan sus cestas de estampas y las venden,
pasando incluso tres o cuatro años fuera de sus casas, tanto que
se crea el dicho «sin tesini (habitantes de Val Tesino), no hay
Remondini». (De Pieve Tesino era originario uno de los más
importantes políticos italianos, Alcide De Gasperi, parlamen-
tario en Viena en 1911, cuando el valle aún pertenecía al Imperio austrohúngaro, quien fundó el partido de la Democracia
Cristiana y fue presidente del Consejo italiano desde 1845 hasta
1953; es muy probable que algunos de sus antepasados viajaran
por el mundo vendiendo santos).

Los vendedores ambulantes recibían estampas en depósito y
dinero para sufragar el coste del viaje y los aranceles. A su regreso pagarían la mercancía y devolverían los préstamos. Pero el
negocio no siempre salía bien: a medida que pasan los años, los
Remondini se convierten en los mayores terratenientes de la
zona, gracias a las garantías obtenidas con los préstamos.[27] Para
ir de Val Tesino a Bassano se necesitan dos días de viaje a pie y
así los Remondini abren una agencia en Pieve, que a finales del
siglo XVIII está valorada en un 40 por ciento más que su conoci-
dísima filial de Venecia.[28] La agencia dispone de todo lo necesario para llenar las cestas de estos nómadas que luego se pondrán

en camino, agrupados en compañías. Una agencia análoga, pero más pequeña, es abierta en San Pietro al Natisone —en aquel tiempo San Pietro degli Schiavoni—, cerca de Cividale, por un agente de los Remondini que se había trasladado desde Bassano con toda su familia. Los habitantes de la Eslovenia véneta frecuentan sobre todo Europa oriental, también gracias al hecho de hablar una lengua eslava, y existen muchos testimonios de la presencia de vendedores ambulantes de Val Tesino en todo el mundo; hacia 1730, por ejemplo, se asoman a la Península Ibérica y de ahí pasan a las Américas. En la dirección opuesta, penetran en Rusia; hay noticias de estos nómadas con materiales de Remondini hasta en Siberia y Astracán. Fiódor Dostoievski, cuando describe en *Los hermanos Karamázov* la ermita del *starets* Zósimo, menciona unas estampas que podrían ser de los Remondini: «Al lado de las reproducciones más elegantes y costosas había las litografías rusas de santos, mártires y prelados más populares, de las que se venden en todas las ferias por muy poco dinero». En el archivo de Pieve se han encontrado 90 certificados de defunción de habitantes de Val Tesino en el exterior, entre 1724 y 1824: 40 proceden del área alemana, 8 de Rusia, 5 de Holanda y Hungría, los demás de otros estados europeos y 1 de Albany, capital del estado de Nueva York.[29]

Los vendedores ambulantes de mayor éxito empiezan a abrir tiendas en varias ciudades europeas, donde venden las estampas de los Remondini. Es precisamente un comerciante de Val Tesino, un tal Simonato, dueño de una tienda en Roma, la causa involuntaria de una larguísima y muy costosa disputa entre los Remondini y la corte de Madrid. El hombre es arrestado a petición del embajador de España por haber expuesto una representación del Juicio Universal donde el emblema de Carlos III, rey de España, está colocado en la sección de los diablos. Se abre una controversia diplomático-política infinita que los

DECADENCIA, RECUPERACIÓN Y FINAL

Remondini consiguen solucionar mucho tiempo después y no sin antes haber desembolsado varios ducados de oro.

Los vendedores itinerantes no son útiles solo para vender las estampas, sino también para conseguir, a su regreso, un bien muy preciado: información. Los santos, de hecho, presentan un problema: son distintos en cada lugar; es probable que los habitantes de Europa meridional no sepan ni siquiera quién es san Beda el Venerable, y es fácil suponer que san Jenaro no entusiasme demasiado lejos de Nápoles. «Así fue posible imprimir en Bassano imágenes que fueron aceptadas como propias por las poblaciones de las naciones más diversas.»[30] Los Remondini imprimen en caracteres latinos, griegos, cirílicos, hebreos y en varias lenguas: italiano, español, portugués, francés, alemán, inglés, ruso y griego. La calidad de la impresión es pésima, pero lo único que les importa es poder disponer de un repertorio amplísimo y realizado en el menor tiempo posible, para luego venderlo en todas partes. La crisis llega después de la invasión napoleónica, aunque pasarán aún varias décadas antes que la imprenta cierre definitivamente en 1860, pocos años antes de que el Véneto entre a formar parte del Reino de Italia.

Si bien en el siglo XVIII Venecia cede a la tierra firme la imprenta más importante de Europa, la ciudad sigue siendo un centro notable para la producción de libros en lenguas extranjeras. Bastante conocida e interesante es la historia de los libros karamanlides. Hoy estamos acostumbrados a relacionar un alfabeto y una determinada lengua: el inglés se escribe con caracteres latinos, el hebreo con caracteres hebreos, el ruso en cirílico. Antes, en cambio, el alfabeto estaba ligado a la religión. El ejemplo más clamoroso era el turco, que podía escribirse con caracteres árabes, griegos, armenios, georgianos, hebreos, cirílicos o latinos, según la confesión religiosa de los hablantes.

Un caso análogo es el del albanés: hasta hace poco más de un siglo se escribía con el alfabeto árabe para los musulmanes, con el latino para los católicos y con el griego para los ortodoxos; un uso residual de este tipo sobrevivió hasta 1991 con respecto al serbocroata; antes de la disolución de Yugoslavia, los croatas católicos lo escribían con caracteres latinos, mientras que los serbios ortodoxos utilizaban el cirílico.

Durante muchos siglos existió una literatura al servicio de los otomanos de lengua materna turca y de religión cristiano-ortodoxa: los así llamados «karamanlides». La lengua de sus textos era el turco escrito con caracteres griegos. Vivían sobre todo en Asia Menor, en Capadocia, pero también en las costas del Mediterráneo, del Egeo y del Mar Negro, y en grupos en las ciudades de Constantinopla y Esmirna, en Chipre y en los Balcanes.

El primer libro karamanlide, el *Florilegio de la fe cristiana*, es de 1718, impreso probablemente en Constantinopla, pero solo a mediados del siglo XVIII empieza a haber una producción considerable: desde 1743 hasta 1800 se imprimen 31 títulos, 22 de ellos en Venecia. El año 1718 es importante para el libro otomano, porque se imprime un texto en turco con caracteres griegos que precede a un libro en turco con caracteres armenios (1727) y, finalmente, otro en lengua turca escrita con el alfabeto árabe (1729). Por tanto, el *Florilegio* es con toda probabilidad el primer libro turco. En el siglo XIX la bibliografía karamanlide se enriquece con 432 títulos y los principales lugares de edición se desplazan a Constantinopla y Atenas; en el siglo XX, hasta 1935, se imprimen otros 138 títulos.[31] «El centro de impresión principal es sin duda Venecia. Hasta 1811 relativamente pocos libros karamanlides se imprimen en otros lugares (Ámsterdam, Leipzig, Bucarest, Constantinopla; en total 12 libros frente a los 39 impresos en Venecia) [...]. El tipógrafo veneciano en el ámbito karamanlide es, hasta 1780, Antonio Bartoli, luego la supremacía pasa al epirota Nicolò Glici.»[32]

Entre 1826 y 1935 Venecia pierde definitivamente la primacía en la producción de libros karamanlides, aunque la obra de Glici es continuada por la tipografía griega de la Fenice. La literatura karamanlide se extingue poco después de 1923, cuando los helénicos de Asia Menor, sin distinción de lengua, son obligados a desplazarse a Grecia. El último libro conocido es de 1929, impreso en Atenas, y hay noticia de una edición de 1935 que, sin embargo, nunca ha sido encontrada. También el uso del turco por parte de poblaciones griegas está casi del todo extinguido, quizá solamente algún anciano sea capaz de recordar una canción o un poema aprendidos durante la infancia.

La caída de la república a manos de Napoleón, el 12 de mayo de 1797, y la consecuente pérdida para Venecia del estatus de capital de un estado, provocan el fin de casi todas las actividades editoriales, con una vistosa excepción: la lengua armenia. Hemos visto lo que ocurrió en el siglo XVI, pero la actividad editorial seguía siendo muy vibrante. La primera edición de la Biblia armenia se imprime en Ámsterdam en 1666 y gran parte de los ejemplares acaban en el mar durante su traslado hacia Constantinopla. Una segunda edición se prepara en la capital otomana pero está llena de errores tipográficos. La edición fundamental para la historia de los armenios es la así llamada *Biblia del Abad*, la que imprimió en Venecia el abad Mechitar en 1735. Entre 1716 y 1749 el propio Mechitar, «convencido de que uno de los medios más poderosos de su apostolado fuera la imprenta»,[33] publica 50 obras, 16 de las cuales originales.[34] En 1789 se instala una tipografía armenia en San Lazzaro, isla de la laguna resguardada por el Lido de Venecia (fíjese el lector en el año, porque serán los sucesos acaecidos exactamente dos siglos después los que determinarán su fin). En los primeros once años imprime 36 volúmenes: un ritmo frenético. Durante todo el siglo XIX, y sobre todo en los años siguientes al genocidio armenio (que empezó el 24 de abril de 1915) y durante la época soviética, la tipografía de San Lazzaro se convierte en el referente de la diáspora armenia de todo el mundo. En Venecia se imprimen textos escolares, litúrgicos y literarios; los volúmenes que salen de la isla llegan a Turquía, entran en la Unión Soviética, se difunden en Francia y en Estados Unidos, los dos países donde la diáspora es más numerosa. Pero después de la caída del Muro de Berlín (1989) y la consecuente disolución de la Unión Soviética (1991), la república soviética de Armenia se convierte en un Estado independiente: el primer Estado armenio después de seis siglos, es decir, desde el fin del reino de Cilicia en 1375. El papel de Venecia ya no es necesario, la tipografía pierde su relevancia y la que hasta pocos años antes era la imprenta armenia más importante del mundo se desmantela.

La edición veneciana vive una especie de breve renacimiento entre los siglos XIX y XX gracias a Ferdinando Ongania, uno de los primeros en utilizar la fotografía en el libro de arte y en «intuir las notables posibilidades que podía ofrecerle a la imprenta tradicional».[35] Su obra *La Basilica di San Marco in Venezia* —16 volúmenes y diez años para realizarlos, 425 ilustraciones reunidas en 391 tablas— es una extraordinaria exploración por las imágenes de la iglesia más famosa de la ciudad y lo coloca entre los mejores editores de «cosas de arte» de su tiempo. Ongania está activo entre 1871 y 1911, un periodo difícil que sigue a la unión de Venecia a Italia (1866), en una ciudad empobrecida y marginada. Desde jovencito trabaja en la librería que los hermanos Ermanno, Federico y Massimiliano Münster, originarios de Hamburgo, habían abierto en 1846, el mismo año en que los dominadores austríacos habían inaugurado el puente ferroviario que modificaba radicalmente el acceso a la ciudad y la acercaba a los crecientes flujos turísticos. «Por otro lado, hacía ya tres años que la plaza alargaba su accesibilidad en las horas nocturnas con iluminación a gas, renovando sus fastos mundanos y también comerciales.»[36] La librería se asoma a la Plaza de San Marcos en el ala napoleónica, donde hoy hay una tienda de cristales. Allí el joven Ferdinando aprende el oficio, y cuando el hermano superviviente, Massimiliano, decide dejar el negocio, probablemente porque se siente fuera de lugar en una ciudad ya italiana, Ongania lo releva en la actividad. Lo ayuda, formando una sociedad, Ivan Beloserski, un amigo ucraniano de Kiev que lo abandona un año después.

Ferdinando Ongania se siente heredero de los grandes editores venecianos del pasado, pero intuye que, para no ser arrollado por la competencia de los colegas de Milán, Turín y Florencia, tiene que identificar un nuevo sector, un nicho, donde instalarse. En esto lo ayuda la tecnología: todas sus publicaciones poseen «la característica de ser creadas con las más recientes y sofisticadas técnicas de reproducción fotomecánica».[37] La precisión de sus imágenes fotográficas y la belleza de sus impresiones heliográficas a menudo son difíciles de conseguir incluso con las técnicas actuales. «El joven librero hizo de Venecia el centro más avanzado de la nueva edición de imágenes, introduciendo técnicas hasta entonces nunca experimentadas, como "el nuevo sistema de la heliotipia" que […] orgullosamente reivindicaba haber "introducido en Italia".»[38]

Producir obras fotográficas es caro, y para financiar su actividad editorial Ongania no duda en colocar, a lado de sus libros, antigüedades muy valiosas, destinadas a satisfacer los deseos y las ganas de ostentar de los ricos turistas de allende los océanos. Sus volúmenes de imágenes también están en la línea de este tipo de clientes: elegantes, valiosos, numerados, exclusivos y costosos, tienen poquísimo texto y en su mayoría está en italiano. La publicación de la obra sobre la basílica de San Marcos lo lleva casi a la quiebra: emplea a pintores, dibujantes y fotógrafos para realizar las imágenes, «y luego a historiadores, arqueólogos y arquitectos, coordinados por Camillo Boito, para proporcionar los datos y las interpretaciones necesarias para un conocimiento correcto y completo del monumento».[39] La empresa, sin embargo, le otorga fama y gloria tanto en Europa como en el resto del mundo; gana medallas y reconocimientos en Italia, Francia, el Imperio Austrohúngaro, Gran Bretaña y Estados Unidos.

Ongania posee todas las características que habían animado a sus predecesores del siglo XVI: intuición emprendedora, ganas de innovar y experimentar, capacidad para utilizar técnicas nuevas. El éxito le sonríe, pero Venecia ya no es la metrópolis en el centro del mundo de cuatro siglos atrás, y su actividad se resiente: publica 145 títulos y su gran mérito es haber hecho fotografiar cada esquina de la ciudad, permitiéndonos saber cómo eran las zonas que serían mutiladas por las demoliciones posteriores. La actividad se interrumpe de repente, cuando muere a los sesenta y nueve años, en la noche entre el 20 y el 21 de agosto de 1911, en Saint Moritz, Suiza. Hacía poco que había recuperado la ingente inversión necesaria para producir la obra sobre la basílica y había decidido concederse por fin unas vacaciones, en compañía de una de sus hijas. Después de su muerte el negocio se ve abocado al cierre y con él desaparece el último genio, aunque en otra época, de la edición veneciana.

AGRADECIMIENTOS

Han sido muchos los que me han llevado por el amplio mundo de la historia de la edición. Quiero dar las gracias a Annalisa Bruni, amiga y bibliotecaria en la Marciana de Venecia, un lugar muy querido por mí porque lo frecuento desde los tiempos de instituto, aunque ahora solo ocasionalmente. Angela Nuovo, en una entrevista en otro templo italiano del libro, la Biblioteca Braidense de Milán, me contó cómo ocurrió el descubrimiento del Corán y fue tan amable que leyó y corrigió el capítulo correspondiente. También Giorgio Montecchi participó en el descubrimiento. Hoy, ese Corán lo conserva con cuidado y amor el fraile Rino Sgarbossa, mientras Mahmoud Salem Elsheikh le dedica largas horas de estudio. Gracias a todos ellos.

Gracias a Baykar Sivazliyan por haberme aclarado las dudas sobre el libro armenio, y a Umberto Fortis, Tobia Ravà y Guiliano Tamani por haber hecho lo propio con las ediciones en hebreo. Tobia ha tenido además la gentileza de leer y corregir el capítulo. Simonetta Pelusi ha leído el capítulo sobre la edición en las lenguas eslavas, y Allan Bay y Rino Pansato me han ayudado con los libros de gastronomía. En lo que concierne a la medicina, quiero dar las gracias a Giorgio Graziati por sus indicaciones y a Anna Viganò y Patrizia Tomba, que me han abierto las puertas de la espléndida biblioteca del Istituto Ortopedico Rizzoli de Bolonia.

NOTAS

1. VENECIA, CAPITAL DEL LIBRO

1. Helen Barolini, *Aldus and His Dream Book*, Nueva York, Italica Press, 1992, p. 8.

2. Angela Nuovo, *Il commercio librario nell'Italia del Rinascimento*, Milán, Franco Angeli, 1998, p. 161.

3. Martin Lowry, *Il mondo di Aldo Manuzio. Affari e cultura nella Venezia del Rinascimento*, Roma, Il Veltro, 2000, p. 34.

4. Nuovo, *op. cit.*, p. 116.

5. *Ibid.*, p. 158.

6. Lowry, *op. cit.*, p. 34.

7. Nuovo, *op. cit.*, p. 170.

8. *Ibid.*, p. 98.

9. *Ibid.*, p. 117.

10. *Ibid.*, p. 99.

11. *Ibid.*, p. 148.

12. Giovanni Ragone, *Classici dietro le quinte. Storie di libri ed editori. Da Dante a Pasolini*, Roma-Bari, Laterza, 2009, p. 43.

13. Lowry, *op. cit.*, p. 188.

14. Ragone, *op. cit.*, p. 43.

15. Nuovo, *op. cit.*, p. 121.

16. *Ibidem.*

17. Jane A. Bernstein, *Print Culture and Music in Sixteenth-Century Venice*, Nueva York-Oxford, Oxford University Press, 2001, p. 34.

18. Brian Richardson, *Printing, Writers and Readers in Renaissance Italy*, Cambridge, Cambridge University Press, 1999, p. 23.

19. Lowry, *op. cit.*, p. 19.

20. *Ibid.*, p. 20.

21. Richardson, *op. cit.*, p. 19.

22. Lowry, *op. cit.*, p. 21.

23. *Ibid.*, p. 16.

24. Lino Moretti, «Il libro veneziano nei secoli», en *Venezia città del libro. Cinque secoli di editoria veneta e mostra dell'editoria italiana*, Venecia, Isola di San Giorgio Maggiore, 2 de septiembre-7 de octubre de 1973, p. 15.

25. Richardson, *op. cit.*, p. 25.

26. *Ibid.*, p. 27.

27. Marino Zorzi, «Introduzione», en Scilla Abbiati, ed., *Armeni, ebrei, greci stampatori a Venezia*, Venecia, Casa Editrice Armena, 1989, p. 17.

28. *Ibidem.*

29. Jane A. Bernstein, *Music Printing in Renaissance Venice. The Scotto Press (1539-1572)*, Nueva York-Oxford, Oxford University Press, 1998, p. 14.

30. Guido Davico Bonino, *Lo scrittore, il potere, la maschera*, Padua, Liviana, 1979, p. 72.

31. Ragone, *op. cit.*, p. 35.

32. *Ibid.*, p. 44.

33. Marino Zorzi, «La circolazione del libro a Venezia nel Cinquecento: biblioteche private e pubbliche», *Ateneo Veneziano*, 28 (1990), p. 135.

34. *Ibidem.*

35. *Ibid.*, p. 129.

36. Lucien Febvre y Henri-Jean Martin, *La nascita del libro*, Roma-Bari, Laterza, 1985, p. 229.

37. Nuovo, *op. cit.*, p. 68.

38. Febvre y Martin, *op. cit.*, p. 210.

39. *Ibidem.*

40. William Shakespeare, *El mercader de Venecia*, traducción de Marcelino Menéndez y Pelayo, Madrid, EDAF, 1993, p. 43.

41. Nuovo, *op. cit.*, p. 168.

42. Filippo De Vivo, *Information and Communication in Venice. Rethinking Early Modern Politics*, Oxford-Nueva York, Oxford University Press, 2007, p. 5.

43. Richardson, *op. cit.*, p. 5.

44. John R. Hale, *Industria del libro e cultura militare a Venezia nel Rinascimento*, en *Storia della cultura veneta*, vol. III, tomo II, Vicenza, Neri Pozza, 1980, p. 247.

45. Ragone, *op. cit.*, p. 44.

46. Moretti, *op. cit.*, p. 28.

47. Edler de Roover, «Per la storia dell'arte della stampa in Italia», *La Bibliofilìa*, 55 (1953), p. 114.

48. Nuovo, *op. cit.*, p. 76.

49. *Ibidem*.

50. *Ibid.*, p. 79.

51. *Ibid.*, p. 184.

2. ALDO MANUZIO, EL MIGUEL ÁNGEL DE LOS LIBROS

1. Martin Lowry, *Il mondo di Aldo Manuzio. Affari e cultura nella Venezia del Rinascimento*, Roma, Il Veltro, 2000, p. 43.

2. Mario Infelise, «*Manuzio, Aldo*», il Vecchio, en *Dizionario biografico degli italiani*, vol. LXIX, Roma, IEI, 2007, p. 237.

3. Helen Barolini, *Aldus and His Dream Book*, Nueva York, Italica Press, 1992, p. 6.

4. *Ibid.*, p. 4.

5. Infelise, *op. cit.*, p. 237.

6. Lowry, *op. cit.*, p. 72

7. *Ibid.*, p. 81.

8. *Ibid.*, p. 45.

9. *Ibid.*, p. 84.

10. Infelise, *op. cit.*, p. 238.

11. Lowry, *op. cit.*, p. 85.

12. Giuliano Tamani, «Edizioni ebraiche veneziane dei secoli XVI-XVII», en Simonetta Pelusi, ed., *Le civiltà del libro e la stampa a Venezia*, Padua, Il Poligrafo, 2000, p. 33.

13. Erasmo de Rotterdam, *Elogio de la locura*, traducción de Martín Ciordia, Buenos Aires, Colihue, 2007, p. 92.

14. *Ibid.*, p. 93.

15. Infelise, *op. cit.*, p. 239.

16. Barolini, *op. cit.*, p. 91.

17. *Ibidem.*

18. *Ibid.*, p. 93.

19. *Ibid.*, p. 94.

20. James Joyce, *Finnegans Wake*, Nueva York, Viking Press, 1955.

21. Barolini, *op. cit.*, p. 103.

22. Infelise, *op. cit.*, p. 241.

23. Barolini, *op. cit.*, p. 146.

24. Frédéric Barbier, *Historia del libro*, Madrid, Alianza Editorial, 2015.

25. Lowry, *op. cit.*, p. 121.

26. *Ibid.*, p. 125.

27. *Ibid.*, p. 120.

28. Barolini, *op. cit.*, p. 83.

29. Infelise, *op. cit.*, p. 241.

30. *Ibid.*, p. 242.

31. Barolini, *op. cit.*, p. 137.

32. Infelise, *op. cit.*, p. 243.

33. Citado en Lowry, *op. cit.*, p. 105.

34. Barolini, *op. cit.*, p. 141.

35. *Ibid.*, p. 143.

36. Infelise, *op. cit.*, p. 243.

37. Martin Davies, *Aldus Manutius. Printer and Publisher of Renaissance Venice*, Londres, The British Library, 1995, p. 46.

38. *Ibid.*, p. 47.

39. David Amram, *The Makers of Hebrew Books in Italy*, Londres, The Holland Press, 1963, p. 177.

40. Davies, *op. cit.*, p. 62.

41. Barolini, *op. cit.*, p. 148.

1. Riccardo Calimani, *Storia del ghetto di Venezia*, Milán, Rusconi, 1985, p. 16.

2. Maria Pia Pedani, *Venezia tra mori, turchi e persiani*, Vicenza, Miur Csa, 2005, p. 28.

3. *Ibidem.*

4. Amos Luzzatto, «Libri, ebrei e riti nei secoli», en Scilla Abbiati, ed., *Armeni, ebrei, greci stampatori a Venezia*, Venecia, Casa Editrice Armena, 1989, p. 49.

5. Umberto Fortis, *Editoria in ebraico a Venezia*, Venecia, Arsenale, 1991, p. 6.

6. Calimani, *op. cit.*, p. 9.

7. Fortis, *op. cit.*, p. 8.

8. *Ibid.*, p. 30.

9. *Ibidem.*

10. *Ibidem.*

11. Horatio Brown, *The Venetian Printing Press 1469-1800*, Londres, John C. Nimmo, 1891, p. 105.

12. Calimani, «Gli editori di libri ebraici a Venezia», en Abbiati, ed., *Armeni...*, *op. cit.*, p. 57.

13. *Ibid.*, p. 58.

14. *Ibid.*, p. 57.

15. Giuliano Tamani, «Edizione ebraiche veneziane nei secoli XVI-XVII», en Simonetta Pelusi, ed., *Le civiltà del libro e la stampa a Venezia*, Padua, Il Poligrafo, 2000, p. 30.

16. Calimani, ed. cit., p. 57.

17. Fortis, *op. cit.*, p. 34.

18. Tamani, *op. cit.*, p. 30.

19. *Ibidem.*

20. Fortis, *op. cit.*, p. 39.

21. Anna Campos, «La cultura ebraica nei libri a Venezia», en Abbiati, ed., *Armeni, op. cit.*, p. 63.

22. Calimani, ed. cit., p. 57.

23. Michael Orbach, «My uncle, the Count of Valmadonna», *The Jewish Star*, 27 de febrero de 2009.

24. Tamani, *op. cit.*, p. 33.

25. David Amram, *The Makers of Hebrew Books in Italy*, Londres, Holland Press, 1963, p. 184.

26. Tamani, *op. cit.*, p. 33.

27. Calimani, ed. cit., p. 58.

28. Amram, *op. cit.*, p. 194.

29. *Ibid.*, p. 196.

30. *Ibid.*, p. 193.

31. Fortis, *op. cit.*, p. 39.

32. Tamani, *op. cit.*, p. 32.

33. Calimani, «Gli editori...», p. 59.

34. *Ibidem.*

35. *Ibid.*, p. 60.

36. Fortis, *op. cit.*, p. 42.

37. Calimani, ed. cit., p. 61.

38. *Ibid.*, p. 62.

39. Tobia Ravà, *L'immagine proibita. L'interdetto visivo nell'arte ebraica*, tesis de licenciatura, Università degli Studi di Bologna, 1985-1986, p. 177.

40. Giuliano Tamani, «Il Novo dittionario hebraico e italiano di Leon Modena», en *Studi in onore di Marino Zorzi*, Cittadella, Bertoncello arti grafiche, 2008, p. 444.

41. Giovannina Reinish Sullam, «Il libro ebraico a Venezia», en *Venezia città del libro. Cinque secoli di editoria veneta e mostra dell'editoria italiana*, Venecia, Isola di San Giorgio Maggiore, 2 de septiembre-7 de octubre de 1973, p. 125.

4. EL CORÁN PERDIDO

1. Angela Nuovo, «Il Corano arabo ritrovato", *La Bibliofilìa*, 89 (1987), 3, p. 237.

2.   Sergio Noja, «Il Corano che riappare», *Il Giornale*, 3 de marzo de 1989, p. 3.

3.   Nuovo, *op. cit.*, p. 253.

4.   *Ibidem.*

5.   *Ibid.*, p. 256.

6.   *Ibid.*, p. 258.

7.   Nuovo, *Il commercio librario nell'Italia del Rinascimento*, Milán, Franco Agneli, p. 49.

8.   Nuovo, *Il Corano...*, *op. cit.*, p. 240.

9.   *Ibid.*, p. 244.

10.   *Ibid.*, p. 252.

11.   Giorgio Vercellin, «Venezia e le origini della stampa a caratteri arabi», en Simonetta Pelusi, ed., *Le civiltà del libro e la stampa a Venezia*, Padua, Il Poligrafo, 2000, p. 58.

12.   Horatio Brown, *The Venetian Printing Press 1469-1800*, Londres, John C. Nimmo, 1891, p. 107.

13.   Nuovo, *Il Corano...*, *op. cit.*, p. 249.

14.   *Ibid.*, p. 250.

15.   *Ibid.*, p. 253.

16.   Vercellin, *op. cit.*, p. 57.

17.   Nuovo, *Il Corano...*, *op. cit.*, p. 253.

18.   Vercellin, *op. cit.*, p. 57.

19.   Nuovo, *Il Corano...*, *op. cit.*, p. 261.

20.   *Ibidem.*

21.   Vercellin, *op. cit.*, p. 58.

22.   Nuovo, *Il commercio...*, *op. cit.*, p. 49.

5.   ARMENIOS Y GRIEGOS

1.   Baykar Sivazliyan, «Venezia per l'Oriente: la nascita del libro armeno», en Scilla Abbiati, ed., *Armeni, ebrei, greci stampatori a Venezia*, Venecia, Casa Editrice Armena, 1989, p. 23.

2.   Baykar Sivazliyan, «La nascita dei primi libri a stampa armeni

nel cuore della Serenissima», en Boghos Levon Zekiyan, ed., *Gli arme-ni in Italia*, Roma, De Luca Edizioni d'Arte, 1990, p. 94.

3. *Ibidem.*

4. R. H. Kévorkian y J. P. Mahe, eds., *Le livre arménien à travers les âges*, Catalogue de l'exposition tenue au Musée de la Marine, Marsella 2-21 de octubre de 1985, Maison Arméenienne de la Jeunesse et de la Culture, Marsella, 1985, p. 74.

5. Aleramo Hermet y Paola Cogni Ratti di Desio, *La Venezia degli armeni. Sedici secoli tra storia e leggenda*, Milán, Mursia, 1993, p. 78.

6. *Ibid.*, p. 45.

7. Sivazliyan, *Venezia...*, *op. cit.*, p. 26.

8. Hermet y Cogni Ratti, *op. cit.*, p. 40.

9. Sivazliyan, *Venezia...*, *op. cit.*, p. 25.

10. Hermet y Cogni Ratti, *op. cit*, p. 85.

11. *Ibid.*, p. 87.

12. Sivazliyan, *Venezia...*, *op. cit.*, p. 27.

13. Gabriella Uluhogian, «Lingua e cultura scritta», en Adriano Alpago Novello, ed., *Gli armeni*, Milán, Jaca Book, 1986, p. 124.

14. R. H. Kévorkian, «Le livre arménien imprimé», en Kévorkian y Mahe, eds., *Le livre arménien...*, *op. cit.*, p. 71.

15. Hermet y Cogni Ratti, *op. cit.*, p. 79.

16. Sivazliyan, *Venezia...*, *op. cit.*, pp. 25, 29 y 39.

17. Sivazliyan, *La nascita...*, *op. cit.*, p. 94.

18. Hermet y Cogni Ratti, *op. cit.*, p. 81.

19. *Ibidem.*

20. *Ibid.*, p. 82.

21. *Ibidem.*

22. *Ibidem.*

23. Manosous Manoussakas, «Libri greci stampati a Venezia», en *Venezia città del libro*, Venecia, Isola di San Giorgio Maggiore, 2 de septiembre-7 de octubre de 1973, p. 31.

24. Despina Vlassi Sponza, «I greci a Venezia: una presenza costante nell'editoria (secc. XV-XX)», en Scilla Abbiati, ed., *Armeni, ebrei, greci stampatori a Venezia*, Venezia, Casa Editrice Armena, 1989, p. 77.

25. Manosous Manoussakas y Costantino Staikos, eds., *L'attività editoriale dei greci durante il Rinascimento italiano, 1469-1523*, Atenas, Ministerio de Cultura griego, 1986, p. 5.

26. Vlassi Sponza, *op. cit.*, p. 71.

27. *Ibid.*, p. 73.

28. *Ibid.*, p. 74.

29. *Ibid.*, p. 77.

30. Manoussakas, *Libri greci...*, *op. cit.*, p. 93.

31. Manoussakas y Staikos, *L'attività...*, *op. cit.*, p. 127.

32. Zorzi, *op. cit.*, p. 133.

33. Manoussakas y Staikos, *L'attività...*, *op. cit.*, p. 127.

34. Vlassi Sponza, *op. cit.*, p. 78.

35. Manoussakas y Staikos, *L'attività...*, *op. cit.*, p. 130.

36. Manoussakas, *Libri greci...*, *op. cit.*, p. 90.

37. Vlassi Sponza, *op. cit.*, p. 79.

38. Manoussakas y Staikos, *L'attività...*, p. 102.

39. Horatio Brown, *The Venetian Printing Press, 1469-1800*, Londres, John C. Nimmo, 1891, p. 46.

40. Manosous Manoussakas y Costantino Staikos, eds., *Le edizioni di testi greci da Aldo Manuzio e le prime tipografie greche di Venezia*, Atenas, Fondazione per la cultura greca, 1993, p. 82.

41. *Ibidem.*

42. Vlassi Sponza, *op. cit.*, p. 79.

43. Reinhard Flogaus, «Aldus Manutius and the printing of Greek liturgical texts», en Lisa Pon y Kraig Kallendorf, eds., *The Books of Venice. Il libro veneziano*, Venecia-New Castle, Biblioteca Nazionale Marciana-La musa Talìa-Oak Knoll Press, 2008, p. 230.

44. *Ibid.*, p. 229.

45. Vlassi Sponza, *op. cit.*, p. 80.

46. *Ibidem.*

47. Simonetta Pelusi, ed., *Le civiltà del libro e la stampa a Venezia*, Padua, Il Poligrafo, 2000, p. 24.

6. VIENTO DEL ESTE

1. Simonetta Pelusi, «Il libro liturgico veneziano per serbi e croati fra Quattro e Cinquecento», en Simonetta Pelusi, ed., *Le civiltà del libro e la stampa a Venezia*, Padua, Il Poligrafo, 2000, p. 43.

2. *Ibid.*, p. 44.

3. Darko Zubrinić, *Croatian Glagolitic Script*, Zagreb, 1995.

4. Pelusi, *op. cit.*, p. 45.

5. *Ibidem.*

6. *Ibidem.*

7. *Ibidem.*

8. *Ibidem.*

9. *Ibid.*, p. 46.

10. *Ibid.*, p. 48.

11. Lazar Plavšić, *Srpske štamparije of kraja* XV *do sredine* XIX *veka*, Belgrado, 1959, p. 220, citado y traducido por Persida Lazarević Di Giacomo, «La letteratura serba "in esilio" a Venezia tra la fine del '700 e l'inizio dell'800», *PaginaZero. Letterature di Frontiera*, 9 (2006).

7. LA TIERRA Y LA GUERRA

1. Andrea di Robilant, *Venetian Navigators. The Voyages of the Zen Brothers to the Far North*, Londres, Faber and Faber, 2011, p. 182.

2. George Bruner Parks, «Ramusio's Literary History», *Studies in Philology*, 52 (1955), 2, p. 127.

3. Massimo Donattini, «Giovanni Battista Ramusio e le sue "Navigationi". Appunti per una biografia», *Critica Storica* (1980-1981), p. 79.

4. Eugenia Bevilacqua, «Geografi e cosmografi», en *Storia della cultura veneta*, vol. III, tomo II, Vicenza, Neri Possa, 1980, p. 356.

5. *Ibid.*, p. 364.

6. *Ibid.*, p. 359.

7. *Ibidem.*

8. *Ibid.*, p. 360.

9. *Ibidem.*

10. Numa Broc, *La geografia del Rinascimento*, Módena, Edizioni Panini, 1989, p. 17.

11. Giuliano Lucchetta, «Viaggiatori e racconti di viaggi nel Cinquecento», en *Storia della cultura veneta*, vol. III, tomo II, Vicenza, Neri Pozza, 1980, p. 435.

12. Broc, *op. cit.*, p. 17.

13. *Ibidem*.

14. *Ibid.*, p. 19.

15. Donattini, *op. cit.*, p. 71.

16. *Ibidem*.

17. Broc, *op. cit.*, p. 21.

18. Myriam Billanovich, «Bordon (Bordone) Benedetto», en *Dizionario biografico degli italiani*, vol. XII, Roma, IEI, 1970, p. 511.

19. Donattini, *op. cit.*, p. 69.

20. *Ibid.*, p. 76.

21. Marica Milanesi, «Introduzione», en Giovanni Battista Ramusio, *Navigazioni e Viaggi*, Turín, Einaudi, 1978, p. xv.

22. Lucchetta, *op. cit.*, p. 483.

23. Bevilacqua, *op. cit.*, p. 372.

24. Milanesi, ed. cit., p. xvi.

25. Lucchetta, *op. cit.*, p. 489.

26. Donattini, *op. cit.*, p. 79.

27. Milanesi, ed. cit., p. xvii.

28. *Ibid.*, p. xix.

29. Donattini, *op. cit.*, p. 85.

30. Lucchetta, *op. cit.*, p. 486.

31. Milanesi, ed. cit., p. xxv.

32. Donattini, *op. cit.*, p. 58.

33. *Ibid.*, p. 59.

34. *Ibid.*, p. 61.

35. Broc, *op. cit.*, p. 26.

36. Milanesi, ed. cit., p. xxv.

37. *Ibidem*.

38. *Ibid.*, p. xxxii.

39. Bevilacqua, *op. cit.*, p. 365.

40. *Ibidem.*

41. *Ibidem.*

42. Milanesi, ed. cit., p. XXI.

43. Bevilacqua, *op. cit.*, p. 372.

44. Donattini, *op. cit.*, p. 100.

45. John R. Hale, «Industria del libro e cultura militare a Venezia nel Rinascimento», en *Storia della cultura veneta, op. cit.*, p. 266.

46. *Ibid.*, p. 267.

47. *Ibidem.*

48. *Ibidem.*

49. *Ibid.*, p. 268.

50. *Ibid.*, p. 245.

51. *Ibidem.*

52. *Ibid.*, p. 246.

53. *Ibidem.*

54. *Ibid.*, p. 261.

55. *Ibid.*, p. 275.

56. *Ibidem.*

57. *Ibid.*, p. 274.

58. *Ibid.*, p. 266.

59. *Ibidem.*

60. *Ibid.*, p. 276.

61. *Ibid.*, p. 277.

62. *Ibid.*, p. 279.

63. *Ibid.*, p. 260.

64. *Ibidem.*

8. LA EDICIÓN MUSICAL

1. Agostino Vernarecci, *Ottaviano de' Petrucci da Fossombrone, inventore dei tipi mobili metallici fusi della musica nel secolo XV*, Bolonia, Romagnoli, 1882, p. 38.

NOTAS

2. Jane A. Bernstein, *Print, Culture and Music in Sixteenth-Century Venice*, Nueva York-Oxford, Oxford University Press, 2001, p. 115.

3. *Ibid.*, p. 140.

4. Mary S. Lewis, *Antonio Gardano Venetian Music Printer 1538-1569*, Nueva York-Londres, Garland Publishing, 1988, p. 4.

5. Franco Mariani, *I cinquecento anni della stampa della musica a caratteri mobili*, Civitanova Marche, 2001.

6. Bernstein, *op. cit.*, p. 20.

7. *Ibidem.*

8. Stanley Boorman, *Ottaviano Petrucci. Catalogue Raisonné*, Oxford, Oxford University Press, 2006, p. 3.

9. *Ibid.*, p. 7.

10. Vernarecci, *op. cit.*, p. 29.

11. Boorman, *op. cit.*, p. 27.

12. *Ibid.*, p. 33.

13. Mariani, *op. cit.*

14. Lewis, *op. cit.*, p. 5.

15. Mariani, *op. cit.*

16. Bernstein, *op. cit.*, p. 20.

17. *Ibid.*, p. 21.

18. Lewis, *op. cit.*, p. 5.

19. Renato Fulin, «Documenti per servire alla storia della tipografia veneziana», *Archivio Veneto*, 23 (1882), p. 86.

20. Mariani, *op. cit.*

21. *Ibidem.*

22. Bernstein, *op. cit.*, p. 21.

23. Lewis, *op. cit.*, p. 6.

24. Bernstein, *op. cit.*, p. 22.

25. Lewis, *op. cit.*, p. 6.

26. *Ibid.*, p. 7.

27. *Ibid.*, p. 13.

28. Bernstein, *op. cit.*, p. 22.

29. *Ibid.*, p. 116.

30. Jane A. Bernstein, *Music Printing in Renaissance Venice*, Nueva York-Oxford, Oxford University Press, 1998, p. 4.

31. Bernstein, *Print...*, *op. cit.*, p. 128.

32. *Ibid.*, p. 12.

33. Claudio Sartori, *Una dinastia di editori musicali. Documenti inediti sui Gardano e I loro congiunti Stefano Bindoni e Alessandro Raverii*, Firenze, Olschki, 1956, p. 178.

34. Pietro Aretino, «Lettere», en *Opere di Folengo, Aretino, Doni*, tomo II, Milán-Nápoles, Ricciardi, 1976, p. 546.

35. Bernstein, *Print...*, *op. cit.*, p. 80.

36. *Ibid.*, p. 75.

37. *Ibid.*, p. 100.

38. Brian Richardson, *Printing, Writers and Readers in Renaissance Italy*, Cambridge, Cambridge University Press, 1999, p. 65.

39. Sartori, *op. cit.*, p. 177.

40. Lewis, *op. cit.*, p. 33.

41. *Ibid.*, p. 32.

42. Bernstein, *Print...*, *op. cit.*, p. 85.

43. *Ibid.*, p. 87.

44. *Ibid.*, p. 88.

45. *Ibid.*, p. 90.

9. EL CUIDADO DEL CUERPO: MEDICINA, COSMÉTICA Y GASTRONOMÍA

1. Enrico Pispisa, «Bruno da Longobucco», en *Dizionario biografico degli italiani*, vol. XIV, Roma, IEI, 1972, p. 644.

2. Graziella Federici Vescovini, «Guglielmo da Saliceto», en *Dizionario biografico degli italiani*, vol. LXI, Roma, IEI, 2003, p. 33.

3. Mario Crespi, «Argellata, Pietro», en *Dizionario biografico degli italiani*, vol. IV, Roma, IEI, 1962, p. 114.

4. Giuliano Lucchetta, «Viaggiatori e racconti di viaggi nel Cinquecento», en *Storia della cultura veneta*, vol. III, tomo II, Vicenza, Neri Pozza, 1980, p. 433.

5. Mario Crespi, «Benedetti, Alessandro», en *Dizionario biografico degli italiani*, vol. VIII, Roma, IEI, 1966, p. 245.

6. Giuseppe Ongaro, «Mercuriale, Girolamo», en *Dizionario biografico degli italiani*, vol. LXXIII, Roma, IEI, p. 620.

7. Brian Richardson, *Printing, Writers and Readers in Renaissance Italy*, Cambridge (RU), Cambridge University Press, 1999, p. 66.

8. Cesare Preti, «Mattioli (Matthioli), Pietro Andrea», en *Dizionario biografico degli italiani*, vol. LXXII, Roma, IEI, 2009, p. 308.

9. Giuliana Grando y Bepi Monico, *Profumi e cosmesi nella Venezia del '500*, Venecia, Centro Internazionale della grafica, 1985, p. 10.

10. Marco Palma, «Celebrino, Eustachio», en *Dizionario biografico degli italiani*, vol. XXIII, Roma, IEI, 1979, p. 361.

11. *Ibidem*.

12. Grando y Monico, *op. cit.*, p. 10.

13. Françoise Sabban y Silvano Serventi, *A tavola nel Rinascimento*, Roma-Bari, Laterza, 1996, p. 15.

14. Orazio Bagnasco, «Prefazione», en *Catalogo del fondo italiano e latino delle opere di gastronomia*, Lugano, B.I.N.G., 1994, p. 6.

15. *Ibidem*.

16. *Ibid.*, p. 7.

17. *Ibidem*.

18. Richard Westbury, *Handlist of Italian Cookery Books*, Florencia, Olschki, 1963, p. XII.

19. Anna Alberati, Mirella Canzian, Tiziana Plebani y Marcello Brusegan, *Arte della cucina e alimentazione nelle opere a stampa della Biblioteca Nazionale Marciana dal XV al XIX secolo*, Roma, Istituto poligrafico e zecca dello stato, 1987, p. XI.

20. *Ibidem*.

21. *Ibid.*, p. XII.

22. Sabban y Serventi, *op. cit.*, p. 20.

23. Alberati, Canzian, Plebani y Brusegan, *op. cit.*, p. XIII.

24. Sabban y Serventi, *op. cit.*, p. 47.

25. Westbury, *op. cit.*, p. 24.

1. Fabio Massimo Bertolo, *Aretino e la stampa. Strategie di autopromozione a Venezia nel Cinquecento*, Roma, Salerno, 2003, p. 12.

2. Giovanni Aquilecchia, «Pietro Aretino e altri poligrafi a Venezia», en *Storia della cultura veneta*, vol. III, tomo II, Vicenza, Neri Pozza, 1980, p. 62.

3. Giuliano Innamorati, «Aretino, Pietro», en *Dizionario biografico degli italiani*, vol. IV, Roma, IEI, 1962, p. 92.

4. *Ibid.*, p. 96.

5. Aquilecchia, *op. cit.*, p. 71.

6. Guido Davico Bonino, *Lo scrittore, il potere, la maschera*, Padua, Liviana, 1979, p. 64.

7. *Ibid.*, p. 66.

8. Bertolo, *op. cit*, p. 16.

9. Pietro Aretino, *Sonetti sopra i «XVI modi»*, ed. de Giovanni Aquilecchia, Roma, Salerno, 2006.

10. Davico Bonino, *op. cit.*, p. 68.

11. Gianfranco Folena, «Introduzione» a Pietro Aretino, *Sei giornate*, Bari-Roma, Laterza, 1969.

12. Davico Bonino, *op. cit.*, p. 71.

13. Innamorati, *op. cit.*, p. 98.

14. Aquilecchia, *op. cit.*, p. 74.

15. Innamorati, *op. cit.*, p. 98.

16. Davico Bonino, *op. cit.*, p. 84.

17. *Ibid.*, p. 80.

18. Bertolo, *op. cit.*, p. 18.

19. Davico Bonino, *op. cit.*, p. 81.

20. Bertolo, *op. cit.*, p. 13.

21. *Ibid.*, p. 14.

22. *Ibid.*, p. 23.

23. *Ibid.*, p. 22.

24. *Ibid.*, p. 25.

25. *Ibid.*, p. 28.

26. *Ibid.*, p. 29.

1. Mario Infelise, *Prima dei giornali. Alle origini della pubblica informazione*, Roma-Bari, Laterza, 2002, p. 80.

2. Paul F. Grendler, *L'inquisizione romana e l'editoria a Venezia 1540-1605*, Roma, Il Veltro, 1983, p. 131.

3. Marino Zorzi, «Introduzione» a Simonetta Pelusi, ed., *Le civiltà del libro e la stampa a Venezia. Testi sacri ebraici, cristiani, islamici, dal Quattrocento al Settecento*, Padua, Il Poligrafo, 2000, p. 22.

4. *Ibidem.*

5. Grendler, *op. cit.*, p. 138.

6. *Ibid.*, p. 163.

7. Brian Richardson, *Printing, Writers and Readers in Renaissance Italy*, Cambridge (RU), Cambridge University Press, 1999, p. 46.

8. Zorzi, *op. cit.*, p. 22.

9. Grendler, *op. cit.*, p. 320.

10. *Ibid.*, p. 193.

11. *Ibid.*, p. 200.

12. *Ibid.*, p. 323.

13. *Ibid.*, p. 328.

14. Infelise, *op. cit.*, p. 79.

15. *Ibid.*, p. 86.

16. *Ibid.*, p. 126.

17. *Ibid.*, p. 128.

18. *Ibid.*, p. 131.

19. *Ibidem.*

20. *Ibid.*, p. 132.

21. *Ibid.*, p. 133.

22. Eugenia Belivacqua, «Geografi e cosmografi», en *Storia della cultura veneta*, vol. III, tomo II, Vicenza, Neri Pozza, 1980, p. 373.

23. Mario Infelise, *I Remondini di Bassano. Stampa e industria nel Veneto del Settecento*, Bassano, Tassotti, 1980, p. 77.

24. *Ibid.*, p. 102.

25. *Ibid.*, p. 72.

26. *Ibid.*, p. 107.

27. *Ibid.*, p. 110.

28. *Ibid.*, p. 111.

29. *Ibid.*, p. 112.

30. *Ibid.*, p. 103.

31. Matthias Kappler, «La stampa caramanlidica», en Pelusi, ed., *Le civiltà del libro, op. cit.*, p. 65.

32. *Ibid.*, p. 67.

33. Gabriella Uluhogian, «Lingua e cultura scritta», en Alpago Novello, ed., *Gli armeni*, Milán, Jaca Book, 1986, p. 124.

34. Vahan Ohanian, «La Bibbia armena dell'abate Mechitar», en Pelusi, ed., *Le civiltà del libro, op. cit.*, p. 95.

35. Mariachiara Mazzariol, ed., *Ferdinando Ongania editore a San Marco*, Venecia, Marsilio, 2008, p. 10.

36. Cesare De Michelis, «Ferdinando Ongania editore a Venezia», en *Ferdinando Ongania. La Basilica di San Marco 1881-1893*, Venecia, Marsilio, 2011, p. 25.

37. Mazzariol, *op. cit.*, p. 12.

38. De Michelis, *op. cit.*, p. 26.

39. *Ibid.*, p. 27.

BIBLIOGRAFÍA

AA.VV., *Dizionario biografico degli italiani*, vol. XII, Roma, IEI, 1925-2015.

AA.VV., *Storia della cultura veneta*, Vicenza, Neri Pozza, 1980.

AA.VV., *Venezia città del libro. Cinque secoli di editoria veneta e mostra dell'editoria italiana*, Venecia, Isola di San Giorgio Maggiore, 2 de septiembre-7 de octubre de 1973.

Abbiati, Scilla, ed., *Armeni, ebrei, greci stampatori a Venezia*, Venecia, Casa Editrice Armena, 1989.

Alberati, Anna, Mirella Canzian, Tiziana Plebani y Marcello Brusegan, *Arte della cucina e alimentazione nelle opere a stampa della Biblioteca Nazionale Marciana dal XV al XIX secolo*, Roma, Istituto poligrafico e zecca dello stato, 1987.

Alpago Novello, Adriano, ed., *Gli armeni*, Milán, Jaca Book, 1986.

Amram, David, *The Makers of Hebrew Books in Italy*, Londres, The Holland Press, 1963.

Aquilecchia, Giovanni, «Pietro Aretino e altri poligrafi a Venezia», en *Storia della cultura veneta*, vol. III, tomo II, Vicenza, Neri Pozza, pp. 61-98.

Aretino, Pietro, «Lettere», en *Opere di Folengo, Aretino, Doni*, tomo II, Milán-Nápoles, Ricciardi, 1976.

—, *Sei giornate*, Bari-Roma, Laterza, Giovanni Aquilecchia, ed., Bari-Roma, Laterza, 1969.

—, *Sonetti sopra i «XVI modi»*, Giovanni Aquilecchia, ed., Roma, Salerno, 2006.

Bagnasco, Orazio, ed., *Catalogo del fondo italiano e latino delle opere di gastronomia*, Lugano, BING, 1994.

Barbier, Frédéric, *Historia del libro*, Madrid, Alianza Editorial, 2015.

Barolini, Helen, *Aldus and His Dream Book*, Nueva York, Italica Press, 1992.

Bernstein, Jane A., *Music Printing in Renaissance Venice. The Scotto Press (1539-1572)*, Nueva York-Oxford, Oxford University Press, 1998.

—, *Print Culture and Music in Sixteenth-Century Venice*, Nueva York-Oxford, Oxford University Press, 2001.

Bertolo, Fabio Massimo, *Aretino e la stampa. Strategie di autopromozione a Venezia nel Cinquecento*, Roma, Salerno, 2003.

Bevilacqua, Eugenia, «Geografi e cosmografi», en *Storia della cultura veneta*, vol. III, tomo II, Venecia, 1980, pp. 355-374.

Boorman, Stanley, *Ottaviano Petrucci. Catalogue Raisonné*, Oxford-Nueva York, Oxford University Press, 2006.

Broc, Numa, *La geografia del Rinascimento*, Módena, Edizioni Panini, 1989.

Brown, Horatio, *The Venetian Printing Press 1469-1800. An Historical Study Based upon Documents for the Most Part Hiterto Unpublished*, Londres, John C. Nimmo, 1891.

Calimani, Riccardo, *Storia del ghetto di Venezia*, Milán, Rusconi, 1985.

Chiesa, Aulo y Simonetta Pelusi, eds., *L'editoria libraria in Veneto*, Milán, Biblion, 2010.

Davico Bonino, Guido, *Lo scrittore, il potere, la maschera*, Padua, Liviana, 1979.

Davies, Martin, *Aldus Manutius. Printer and Publisher of Renaissance Venice*, Londres, The British Library, 1995.

De Roover, Edler, «Per la storia dell'arte della stampa in Italia», *La Bibliofilìa*, 55 (1953), pp. 107-115.

De Vivo, Filippo, *Information and Communication in Venice. Rethinking Early Modern Politics*, Oxford-Nueva York, Oxford University Press, 2007.

Donattini, Massimo, «Giovanni Battista Ramusio e le sue "Navigationi". Appunti per una biografia», *Critica Storica*, 17 (1980-1981), 1, pp. 55-100.

Eisenstein, Elizabeth L., *Le rivoluzioni del libro. L'invenzione della stampa e la nascita dell'età moderna*, Bolonia, Il Mulino, 1997.

Febvre, Lucien y Henri-Jean Martin, *La nascita del libro*, Roma-Bari, Laterza, 1985.

Fortis, Umberto, *Editoria in ebraico a Venezia*, Venecia, Arsenale, 1991.

Fulin, Renato, «Documenti per servire alla storia della tipografia veneziana», *Archivio Veneto*, 23 (1882), pp. 82-212 y 390-405.

Grando, Giuliana y Bepi Monico, *Profumi e cosmesi nella Venezia del '500*, Venecia, Centro Internazionale della grafica, 1985.

Grendler, Paul F., *L'inquisizione romana e l'editoria a Venezia 1540-1605*, Roma, Il Veltro, 1983.

Hale, John R., *Industria del libro e cultura militare a Venezia nel Rinascimento*, en *Storia della cultura veneta*, vol. III, tomo II, Venecia, Neri Pozza, 1980.

Hermet, Aleramo y Paola Cogni Ratti di Desio, *La Venezia degli armeni. Sedici secoli tra storia e leggenda*, Milán, Mursia, 1993.

Infelise, Mario, *I Remondini di Bassano. Stampa e industria nel Veneto del Settecento*, Bassano, Tassotti, 1980.

—, *Prima dei giornali. Alle origini della pubblica informazione*, Roma-Bari, Laterza, 2002.

Kévorkian, R. H. y J. P. Mahe, eds., *Le livre arménien à travers les âges*, Catalogue de l'exposition tenue au Musée de la Marine, Marsella 2-21 de octubre de 1985, Maison Arméenienne de la Jeunesse et de la Culture, Marsella, 1985.

Lazarevic Di Giacomo, Persiva, «La letteratura serba in esilio a Venezia tra la fine del '700 e l'inizio dell'800», *PaginaZero. Letterature di Frontiera*, 9 (2006).

Lewis, Mary S., *Antonio Gardano Venetian Music Printer 1538-1569*, Nueva York-Londres, Garland Publishing, 1988.

Lowry, Martin, *Il mondo di Aldo Manuzio. Affari e cultura nella Venezia del Rinascimento*, Roma, Il Veltro, 2000.

—, *Nicolas Jenson e le origini dell'editoria veneziana nell'Europa del Rinascimento*, Roma, Il Veltro, 2002.

Manoussakas, Manosous y Costantino Staikos, eds., *L'attività editoriale dei greci durante il Rinascimento italiano 1469-1523*, Atenas, Ministerio de Cultura griego, 1986.

—, *Le edizioni di testi greci da Aldo Manuzio e le prime tipografie greche di Venezia*, Atenas, Fundación para la Cultura Griega, 1993.

Mariani, Franco, *I cinquecento anni della stampa della musica a caratteri mobili*, Civitanova Marche, 2001.

Mazzariol, Mariachiara, ed., *Ferdinando Ongania editore a San Marco*, Venecia, Marsilio, 2008.

Noja, Sergio, «Il Corano che riappare», *Il Giornale*, 3 de marzo de 1989, p. 3.

Nuovo, Angela, «Il Corano arabo ritrovato», *La Bibliofilìa*, 89 (1987), 3, pp. 237-271.

—, *Il commercio librario nell'Italia del Rinascimento*, Milán, Franco Angeli, 1998.

Ongania, Fernando, *La Basilica di San Marco 1881-1893*, Venecia, Marsilio, 2011.

Orbach, Michael, «My uncle, the Count of Valmadonna», *The Jewish Star*, 27 de febrero de 2009.

Parks, George Brumer, «Ramusio's Literary History», *Studies in Philology*, 52 (1955), p. 2.

Pedani, Maria Pia, *Venezia tra mori, turchi e persiani*, Vicenza, Miur Csa, 2005.

Pelusi, Simonetta, ed., *Le civiltà del libro e la stampa a Venezia. Testi sacri ebraici, cristiani, islamici, dal Quattrocento al Settecento*, Padua, Il Poligrafo, 2000.

Persico, Alberto, *L'occhio del tempo. Otto secoli di storia del calendario*, Cremona, Persico Edizioni, 2003.

Pon, Lisa y Kraig Kallendorf, eds., *The Book of Venice. Il Libro Veneziano*, Venezia – New Castle, Biblioteca Nazionale Marciana – La musa Talìa – Oak Knoll Press, 2008.

Ponte di Pino, Oliviero, *I mestieri del libro*, Milán, TEA, 2008.

Ragone, Giovanni, *Classici dietro le quinte. Storie di libri ed editori. Da Dante a Pasolini*, Roma-Bari, Laterza, 2009.

Ramusio, Giovanni Battista, *Navigazioni e viaggi*, Turín, Einaudi, 1978.

Ravà, Tobia, *L'immagine proibita. L'interdetto visivo nell'arte ebraica*, tesis de licenciatura, Università degli Studi di Bologna, 1985-1986.

Richardson, Brian, *Printing, Writers and Readers in Renaissance Italy*, Cambridge (RU), Cambridge University Press, 1999.

Ridolfi, Roberto, «Del carattere italico aldino nel secolo XV», en *La Bibliofilìa*, 55 (1953), pp. 118-122.

Robilant di, Andrea, *Venetian Navigators. The Voyages of the Zen Brothers to the Far North*, Londres, Faber and Faber, 2011.

Sabban, Françoise y Silvano Sirventi, *A tavola nel Rinascimento*, Roma-Bari, Laterza, 1996.

Sartori, Claudio, *Una dinastia di editori musicali. Documenti inediti sui Gardano e i loro congiunti Stefano Bindoni e Alessandro Raverii*, Florencia, Olschki, 1956.

Scapecchi, Piero, «Breve nota sull'anno di nascita, il cognome e la giovinezza di Aldo Manuzio (*c*. 1455-1475)», en *Miscellanea Clementina Rotondi*, 1997, pp. 61-65.

Serrai, Alfredo, *Storia della bibliografia*, Roma, Bulzoni, 1988-1995.

Vercellin, Giorgio, *Venezia e l'origine della stampa in caratteri arabi*, Padua, Il Poligrafo, 2001.

Vernarecci, Augusto, *Ottaviano de' Petrucci da Fossombrone, inventore dei tipi mobili metallici fusi della musica nel secolo XV*, Bolonia, Romagnoli, 1882.

Westbury, Richard, *Handlist of Italian Cookery Book*, Florencia, Olschki, 1963.

Wilson, Bronwen, *The World in Venice. Print, the City, and Early Modern Identity*, Toronto, University of Toronto Press, 2005.

Zekiyan, Boghos Levon, ed., *Gli armeni in Italia*, Roma, De Luca Edizioni d'Arte, 1990.

Zorzi, Marino, «La circolazione del libro a Venezia nel Cinquecento: biblioteche private e pubbliche», *Ateneo Veneto*, 28 (1990), pp. 117-189.

—, *La libreria di San Marco. Libri, lettori, società nella Venezia dei Dogi*, Milán, Mondadori, 1987.

—, ed., *La vita dei libri. Edizioni illustrate a stampa del Quattro e Cinquecento dalla Fondazione Giorgio Cini*, Mariano del Friuli, Edizioni della Laguna, 2003.

Zubrinić, Darko, *Croatian Glagolitic Script*, Zagreb, 1995.

ÍNDICE ONOMÁSTICO

SUMARIO

· ALIOS · VIDI ·
· VENTOS · ALIASQVE ·
· PROCELLAS ·

© Garzanti Libri, 2016
© Traducción: Marilena de Chiara
© Malpaso Ediciones, S. L. U.
Gran Via de les Corts Catalanes, 657, entresuelo
08010 Barcelona
www.malpasoed.com

Título original: *L'alba dei libri: quando Venezia ha fatto leggere il mondo*
ISBN: 978-84-16420-30-8
Depósito legal: B-5335-2017

Primera edición: mayo de 2017
Impresión: Novoprint
Diseño de interiores: Sergi Gòdia
Maquetación: Lola Books
Imagen de cubierta: Vittore Carpaccio, *La virgen leyendo*, © Alamy Stock Photo